高等院校旅游管理类应用型人才培养 "十三五" 规划教材

总主编 ◎ 马 勇

会展策划与管理

MICE Planning and Management

主 编 ◎ 肖 葱 罗明志

华中科技大学出版社
http://www.hustp.com
中国·武汉

内 容 提 要

《会展策划与管理》可使读者掌握会展策划与管理的理论知识,而且使读者具备会展策划与管理的基本操作技能,熟练掌握现代会展的策划与运作方法。本书具体包括绪论、展览主题策划、展览项目的确立、展览的宣传推广、招展策划与管理、专业观众的组织与服务、展览的活动设计、展览服务外包与供应商管理、展览服务管理与现场服务、后续管理、会展其他活动的策划与管理以及专题部分等内容。可作为各类院校会展专业和其他相关专业的学生教材,还可作为会展从业人员参考用书。

图书在版编目(CIP)数据

会展策划与管理/肖葱,罗明志主编.—武汉:华中科技大学出版社,2019.11(2025.1重印)
高等院校旅游管理类应用型人才培养"十三五"规划教材
ISBN 978-7-5680-5740-0

Ⅰ.①会…　Ⅱ.①肖…　②罗…　Ⅲ.①展览会-策划-高等学校-教材　②展览会-管理-高等学校-教材
Ⅳ.①G245

中国版本图书馆 CIP 数据核字(2019)第 236871 号

会展策划与管理　　　　　　　　　　　　　　　　　　　　肖　葱　罗明志　主编
Huizhan Cehua yu Guanli

策划编辑：王　乾　李　欢
责任编辑：李家乐
封面设计：原色设计
责任校对：刘　竣
责任监印：周治超
出版发行：华中科技大学出版社(中国·武汉)　　　电话：(027)81321913
　　　　　武汉市东湖新技术开发区华工科技园　　　邮编：430223
录　　排：华中科技大学惠友文印中心
印　　刷：武汉市籍缘印刷厂
开　　本：787mm×1092mm　1/16
印　　张：12.75
字　　数：300 千字
版　　次：2025 年 1 月第 1 版第 6 次印刷
定　　价：49.80 元

Introduction 总　序

　　伴随着旅游业上升为国民经济战略性支柱产业和人民群众满意的现代服务业,我国实现了从旅游短缺型国家到旅游大国的历史性跨越。2016 年 12 月 26 日,国务院印发的《"十三五"旅游业发展规划》中提出要将旅游业培育成经济转型升级重要推动力、生态文明建设重要引领产业、展示国家综合国力的重要载体和打赢扶贫攻坚战的重要生力军,这标志着我国旅游业迎来了新一轮的黄金发展期。在推进旅游业提质增效与转型升级的过程中,应用型人才的培养、使用与储备已成为决定当今旅游业实现可持续发展的关键要素。

　　为了解决人才供需不平衡难题,优化高等教育结构,提高应用型人才素质、能力与技能,2015年 10 月 21 日教育部、国家发改委、财政部颁发了《关于引导部分地方普通本科高校向应用型转变的指导意见》,为应用型院校的转型指明了新方向。对于旅游管理类专业而言,培养旅游管理应用型人才是旅游高等教育由 1.0 时代向 2.0 时代转变的必由之路,是整合旅游教育资源、推进供给侧改革的历史机遇,是旅游管理应用型院校谋求话语权、扩大影响力的重要转折点。

　　为深入贯彻教育部引导部分地方普通高校向应用型转变的决策部署,推动全国旅游管理本科教育的转型发展与综合改革,在教育部高等学校旅游管理类专业教学指导委员会和全国高校旅游应用型本科院校联盟的大力支持和指导下,华中科技大学出版社率先组织编撰出版"高等院校旅游管理类应用型人才培养'十三五'规划教材"。该套教材特邀教育部高等学校旅游管理类专业教学指导委员会副主任、中国旅游协会教育分会副会长、中组部国家"万人计划"教学名师、湖北大学旅游发展研究院院长马勇教授担任总主编。

　　在立足旅游管理应用型人才培养特征、打破重理论轻实践的教学传统的基础上,该套教材在以下三方面作出了积极的尝试与探索。

　　一是紧扣旅游学科特色,创新教材编写理念。该套教材基于高等教育发展新形势,结合新版旅游管理专业人才培养方案,遵循应用型人才培养的内在逻辑,在编写团队、编写内容与编写体例上充分彰显旅游管理作为应用型专业的学科优势,全面提升旅游管理专业学生的实践能力与创新能力。

　　二是遵循理实并重原则,构建多元化知识结构。在产教融合思想的指导下,坚持以案例为引领,同步案例与知识链接贯穿全书,增设学习目标、实训项目、本章小结、关键概念、案例解析、实训操练和相关链接等个性化模块。为了更好地适应当代大学生的移动学习习惯,本套教材突破性地在书中插入二维码,通过手机扫描即可直接链接华中出版资源服务平台。

　　三是依托资源服务平台,打造立体化互动教材。华中科技大学出版社紧抓"互联网＋"发展机遇,自主研发并上线了华中出版资源服务平台,实现了快速、便捷调配教学资源的核心功能。

在横向资源配套上,提供了教学计划书、PPT、参考答案、教学视频、案例库、习题集等系列配套教学资源;在纵向资源开发上,构建了覆盖课程开发、习题管理、学生评论等集开发、使用、管理、评价于一体的教学生态链,真正打造了线上线下、课堂课外的立体化互动教材。

　　基于为我国旅游业发展提供人才支持与智力保障的目标,该套教材在全国范围内邀请了近百所应用型院校旅游管理专业学科带头人、一线骨干"双师双能型"教师,以及旅游行业界精英共同编写,力求出版一套兼具理论与实践、传承与创新、基础与前沿的精品教材。该套教材难免存在疏忽与缺失之处,恳请广大读者批评指正,以使该套教材日臻完善。希望在"十三五"期间,全国旅游教育界以培养应用型、复合型、创新型人才为己任,以精品教材建设为突破口,为建设一流旅游管理学科而奋斗!

2017.1

Preface | 前 言

    会展业作为现代服务业重要的组成部分,也跟随着中国经济进入重大战略机遇期。未来若干年里,会展业的信息化、品牌化、集团化、多元化趋势将为行业发展带来新机遇,也对会展理论与实践提出了新的要求。会展策划与管理作为会展专业教育的核心课程之一,在专业教育中的作用将更加突出。

    未来会展业的发展方式将更加灵活,互联网等信息化技术的巨大进步,为会展业多元化发展提供便利,催生会展新业态,也要求会展策划与新经济业态相适应。经济新常态下,会展经济再不是靠规模和数量的增加,而是更加注重质量和效益,会展产业的优化升级成为必然,为未来会展业健康稳定发展提供基础,同时也要求会展策划更有质量。

    本教材在编写过程中力争吸取其他优秀教材的长处,在原有会展策划与管理体系中加入了一些新的元素,从会展策划流程的逻辑顺序展开,注重理论与实践的结合,有助于高等院校会展专业学生和相关行业人士进一步加深对会展策划的认识。由于时间和水平有限,本教材难免存在不足之处,恳请读者提出宝贵意见,促使本教材不断完善提升。

目 录

Contents

专　题　篇

理论篇

LILUNPIAN

第一章

绪论

学习目标

- 理解展览主题的含义和类别。
- 了解展览的发展历史。
- 掌握展览的多种效益。

案例引导

会展经济赋能，"会展＋"时代的全新风口
——2018 绍兴柯桥中国轻纺城窗帘布艺展览会（春季）落幕

2018 年 3 月 3 日至 6 日,作为柯桥区"月月有会展"2018 首个专业纺织类展会,2018 绍兴柯桥中国轻纺城窗帘布艺展览会（春季）（以下简称"柯桥春季窗帘布艺展"）在中国轻纺城国际会展中心上演了一场持续 4 天的家纺行业商贸盛会。1.2 万余平方米的大容量,近 220 家参展商和一大批新型互联网布艺渠道企业的精彩演绎,无不向人们展示着柯桥窗帘布艺的蓬勃活力。

本届窗帘布艺展由中国家用纺织品行业协会、绍兴市柯桥区人民政府主办,柯桥区中国轻纺城建设管理委员会、柯桥区会展业发展办公室承办,柯桥区中国轻纺城温岭商会和浙江萤火虫展览有限公司执行,网上轻纺城和全球纺织网进行网络支持。展会以"新布艺、新平台、新生活"为主题,实际展览面积达 1.2 万余平方米,包含众茂、昌达、军胜、悦尔、华丽君成等知名企业在内的近 220 家窗帘布艺企业参展。

目前,中国轻纺城的窗帘窗纱商户主要分布在北联、天汇、北市场等市场区域,共计 8000 余家,经营面积达 24 万多平方米。2017 年,整个市场区的窗帘窗纱销售额为 80 多亿元,年增长幅度保持在 10％以上,呈逐年上升趋势。但美中不足的是,作为终端产品的柯桥窗帘布艺产品目前品牌还不是特别多,主要停留于生产端,亟须进一步做大做精做强。

柯桥窗帘布艺展自举办以来,充分利用中国轻纺城独特的产业链优势,逐步加大了与采购商的协同互动,与众多品牌终端产生了合作,有效地延伸了自己的覆盖面,也为柯桥纺织业反馈了更多窗帘布艺市场的潮流趋势乃至消费者偏好的变化,更加有效地提升了参展商对市场的感知和认识,从而强化了窗帘布艺展作为柯桥区域品牌新形象的树立。

(资料来源:邬莹颖,王利,赵国玲.会展经济赋能,"会展+"时代的全新风口——2018绍兴柯桥中国轻纺城窗帘布艺展览会(春季)落幕[J].纺织服装周刊,2018(11).)

会展业是会议业与展览业的总称,是指围绕会议、展览的组办,会展的组织者、展览场馆的拥有者、展览设计搭建单位开展的一系列经济活动。国际上常采用 MICE 来定义会展,即Meeting(会议)、Incentive(奖励旅游)、Conferencing/Convention(大型企业会议)、Exhibition/Exposition(活动展览)和 Event(节事活动)。贸易性的展览无论在中国或外国,都由市集演变而来。展览的发展,主要是随着社会生产力的发展而发展的。国际展览会与博览会是经济全球化的产物,大大促进国际间的交流与交易。

第一节 展览类别

一、交易会

交易会(fairs)来源于拉丁语"feria",意思是假日,也就是"集市"。在中古英语中,"feire"一词的意思是人们在固定的时间聚集在一起进行易货交易或出售商品。这也是现今对交易会的定义,人们周期性地聚集在一起进行商品买卖,通常带有展示和娱乐活动,这种活动的地点和时间约定俗成。这也相应有了拉丁语"feriae",意思是宗教节日。在 12 世纪的时候,贸易会议的重要性不断加强。由于集市在教堂附近举行,这就使得人们把宗教节日和集市在日常用语上结合起来。

二、展览会

展览会(exhibition)一词最早出现于 1649 年。它由拉丁语"exposito"一词演化而来,意思是展示、展演。展览不仅仅是把有趣的东西在特定的时间和地点聚集起来。它们是人类的活动,人类的企业,为了实现某种特定的目的,承担着特定的使命。它们是人们交流活动的一种方式,展商和促销者作为一方与观众进行交流。它们的结果是人类思想和活动进一步交流。

exposition 一词与 exhibition(展览会)一词同源。exposition 一词来自古法语,与英语中展览会(exhibition)一词很像。exposition 是在特地为举办它们而建的设施里举行。exposition 是由政府部门或在政府部门的支持下由企业家的组织举办的,旨在加速贸易发展的活动。制造商被邀请展示他们的产品。在口语中,他们的概念是很相近的。然而,一些有趣的概念上的变化反映了当今展览业的多样性。

三、博览会

博览会是对从 19 世纪中叶开始举办的各种大型世界性展览会的统称。官方批准机构为国际博览局(BIE)。由 BIE 批准举办的博览会分为全球性、国际性和专业性三种,一般为期 3—6 个月。全球性的博览会通常冠有全人类共同关心的主题。每个国家的展馆表达了自己对这一主题的诠释。例如 1998 年葡萄牙里斯本世博会的主题是"水",2005 年日本世博会的主题是"自然的睿智"。为了与其他展会有所区别,世博会中所有的国家展馆都要进行完整的设计并单独建馆、装饰,这使得每个国家都力争建造出最具特色、最令人难忘的展馆。

博览会和展览会经常结合在一起,展示商品和产品。展览会与交易会有以下四大区别。

第一,展览会经常是一次性的而不是循环周期性的活动。交易会只持续很短的一段时间,而很多展览会都持续好几个月,甚至一年或更长时间。

第二,展览会是在专门为其建造的永久设施内举行的。从 18 世纪开始的为了举办某一展览会而建造设施的行为是会展中心产业的先驱。

第三,交易会虽然定期举办,但并不是组织很严密的活动。随着时间的推移,宗教领袖和后来的市民领袖控制了交易会举办的场地(通常是公众地产)。此外,展览会却是组织非常严密的活动。展览会最初是由政府部门或委员会发起的,目的是促进贸易。

第四,展览会与交易会的区别在于进行交易的方式不同。在交易会上,商品买卖行为频繁发生。但在展览会上,通常没有商业活动或者销售陈列商品的行为。然而,展示商品却是刺激未来销售的希望。现在绝大部分展览会仍然是这样操作的。

四、综合性展览会

综合性展览会是专业展览会和公众展览会的综合体。展览会组织者趋向于把专业展览会对专业观众和公众开放。在特定的日子里只允许专业观众参观展览会;展览会的其他时间则对专业观众和公众开放。

(一)消费品展示会(公众展览会)

消费品展示会是面向广大普通群众开放的展览会,参展单位往往是希望直接向终端客户销售产品及服务的零售商、制造商或服务商。消费品展示会,或称公众展览会,往往围绕某一特定行业或用户需求、在一个预先规定的时间段(1—10 天)内展开。包括很多种类型的展出,如家居品、汽车、体育用品、计算机及相关技术等等。

消费品(公众)展示会的首要目的就是直接销售。买家(消费者)与商家得以聚集一堂。买家通过得到多种产品及专家解答、参加教育及娱乐活动受益,商家通过实现销售目的、提升产品/品牌知名度、进行公关/调查/推广活动及产品测试等受益。

(二)交易会

交易会是出口国家主要的营销手段。展品限定在某一行业或某一特定行业的专门领域,以贸易成交而广为人知。历史上,交易会一直是出口国家主要的营销手段。

交易会最初呈水平结构,按照特定的产业分类展出不同产品和服务。如今垂直结构的交易会越来越盛行,展品限定在某一行业或某一特定行业的专门领域。买家通常是这一行业的交易成员(贸易商),出席展览会往往需要事先资格认可。

(三)专业贸易展览会

专业贸易展览会属于商家对商家(B2B)的活动。特定行业的企业可以展示自己的新产品和服务。一般来讲,贸易展览会对公众开放,由企业代表和媒体参加。CeBIT 和香港电子展(计算机工业)是该类展览会的范例。历史上,专业贸易展览会一直被视为交流的重要手段,对企业展品起到广告展示的作用。随着时间的流逝,这种观点受到质疑,现在的观点是贸易展览会是销售产品和服务或签订合同的重要场合。但是,在一些情况下,产品和服务的供给和采购过程十分复杂,以致不能完全在现场兑现承诺。在这种情形下,贸易展览会至多可以带来需要随后跟进落实的销售意向。在 20 世纪 80 年代,一种关于贸易展览会的更广泛的观点得到公认。一些研究人员主张,企业利用贸易展览会不只做宣传和销售,还要追求更多的目标。

商家对商家(B2B)展览会确有与消费品展览会或混合展览会相区别的一些显著特点。参展商特指某行业内特定的或关联的产品或服务的生产商或批发商,而买家也特指该行业内的最终用户或批发商。参观展览会只限于这些特定的买家,常常仅凭请柬入场。买家通常需要提供商业资信证明或预先注册登记,证明其为贸易或行业内的合法成员。此外,还可能需要预付入场费或注册费。专业贸易展览会的展期,依市场情况,短可仅一天,长可达七到十天。有些贸易展半年举办一次,而大多数专业贸易展每年一次,极少数两年一次。一些大型工业贸易展每三年到每七年举办一次。

(四)特殊种类展览会

展览会与其他活动相结合,如演讲、研讨会、时装表演、特别活动和会议等。这些活动提高了参观者的兴趣,它们需要高度的信息的交流和大量的专家参与。展商利用这些活动结识某一市场领域中的大量专家。一个很好的例子是医药行业,其对会议的需求较高。每年一度的"美国精神病和精神健康大会"安排了大量的演讲和辩论论坛,还附带一个展览会。

(五)虚拟展览

随着互联网的发展和普及,虚拟展览于 20 世纪 70 年代出现。传统展览逐渐让位被认为是不可避免的。可能带来的好处有:消除传统展览的时间压力、空间的限制及令人疲乏的长途旅行。但是,现在普遍接受的观点是传统展览不能被虚拟展览代替。面对面的交流是传统展览的一大重要优势。利用客户关系管理及建立客户忠诚度仍是传统展览的优势。然而,互联网已经深入影响了展览的组织。展商和观众从互联网上了解他们需要的信息,决定是否参展。主办单位力图通过使用互联网与客户联系以节约成本,加速交流。

第二节　发 展 历 史

交易会一直是欧洲重要的贸易形式。它们可以追溯到中世纪。最早可以被看作展览会的集市是在法国的香槟(Champagne)地区。它们不断发展,逐渐成为今天的展览业。历经几百年的展览业发展史可以被分为几个阶段。

一、中世纪的交易会:12世纪前的集市

直到12世纪,在法兰西帝国和附近地区只记载有几个交易会和大型集市。

(1)某镇的来自国家、皇帝和国王的特权:免除关税和赋税;在交易会期间,陌生人也允许摆设摊位;建立交易法庭(仲裁和签订合同);军事保护＝免费护卫。

(2)法国629年,圣丹尼斯修道院(Abbey of St. Denis)获得了Merovingian王朝的道格伯特一世国王的特权:传统特权＋国王的特殊保护。这两者在历史上一直持续下来。

(3)葡萄牙12世纪:免税成为交易会的惯例。

二、12世纪和13世纪最初的展览

在这一时期,形成了最初的展览场地和贸易中心。最早的典型的展览组织机构也初见雏形。

香槟地区展览会,在四个地方举办了六次,分别为荷兰、法国、中北欧、意大利贸易中心。

法国的主要产品有葡萄酒、牛,意大利的主要产品有丝绸、颜料,中欧的主要产品有布料、亚麻、金属制品,北欧的主要产品有毛皮。

四个最重要的展览地点是:Provins, Troyes, Bar-sur-Abe和Lagny,其为Brabant和Flanders组织展览会。

当代西方银行业和金融体系的根源:在交易会上使用的汇票。

(1)在15世纪和16世纪货币的首个替代品出现了。汇票可以在下一个交易会上进行支付(如期票、采购和运输合同)。信用和金融交易变得方便,同时风险也小。

(2)政治和宗教机构利用交易会来进行交易。德国的主教们通过香槟地区的交易会向罗马的元老院支付税金。

(3)直到1320年香槟地区交易会一直是西欧的金融中心。后来衰落的原因有交通网络的变化、海洋运输、固定的商人、佛兰德斯和法国之间的战争、中欧和南欧的交易会的竞争。

三、欧洲的展览网络在14世纪开始发展

14世纪新的贸易中心崛起。东西方之间的贸易变得越来越重要。在18世纪末从波兰到西班牙,从英格兰到意大利南部有很多展览场所。第一个欧洲货币开始崭露头角。在中世纪欧洲商品交易会的历史地点有如下几个。

(1)荷兰和比利时。

布鲁日、伊普恩、根特、安特卫普、卑尔根、迪温特、乌得勒支等地区。

(2)德国。

1240年法兰克福:秋季交易会。

1330 年由巴伐利亚的路德维格国王批准的春季交易会。

莱比锡—法兰克福：由于罗马教皇年历的变更，莱比锡和法兰克福的交易会出现了重叠。把交易会从法兰克福迁移到莱比锡是不可避免的。

（3）法国南部、瑞士、意大利、西班牙。

（4）里昂、贝藏松、皮亚琴察、麦地那。

麦地那：接管查理五世国王的皇家财政部门。在停止支付后于 1575 年关闭。

（5）日内瓦。

1320—1464 年间欧洲最大的交易会，贸易越过了阿尔卑斯山，每年举办 4 次，每次长达 10 天。

产品有纺织品、奢侈品、丝绸、香料、有色惰性金属、颜料、毛皮、兽皮、葡萄酒、手抄本等。

四、18 世纪和 19 世纪在欧洲，从展示商品转向展示样品

18 世纪和 19 世纪，新型的展会形态开始形成。样品展示会及专门行业展示会得到发展。这种发展得益于工业化的突飞猛进、交通条件的日渐便利及各地法律对人们出行安全的保障承诺。在那时，有 95% 的国家工业展览会在欧洲举办。

在工业化进程中，交易会现场所展示的主角从供直接买卖的商品慢慢地演变为大量不供直接买卖但可以接受订货的产品：展示品全部为样品。这类展会即为样品交易会（来自德语 Mustermesse）。

莱比锡（Leipzig）是第一个举办样品交易会的展览场所。

其是纯粹的样品展，如玻璃、陶瓷、玩具、乐器等；交易商只带商品的样品参加。

第一个真正意义上的国际博览会于 1851 年在英国伦敦举办，展览从此走上历史舞台。至少 1.4 万名参展商和 600 万名观众参加了此次展会。

这一进展对美洲的展览进程产生了深远的影响。Horace Greeley 和 Phineas T. Barnum 是 1853 年在美国纽约举办的第一届美洲国际交易会的组织者，他们学习借鉴了 1851 年作为展览起点和样板的伦敦博览会。

五、20 世纪：商品交易会和商品专业展览会成为展会的主流

在这个世纪中，市场划分越来越精细，制造部门不断壮大，生产领域和服务领域大大扩展，随着企业的不断增多，国际贸易也得到迅猛发展。

为了适应新形势的挑战，展览行业引入了专业展览会概念。此类展会具有如下特征。

（1）展会的命名，如以产品及服务所属的行业领域命名，要求允许展出的产品及服务应隶属于某一特定行业领域。

（2）参展商和观众同属于一个行业领域。

（3）行业中具有代表性的组织成为此类展会的发起者或被主办单位邀请成为伙伴参与展会的组织工作。

（4）专业展览会概念的落实要求主办单位内部拥有具有专业素质的人员。主办单位要想顺利完成项目的管理，就应了解行业领域本身并且具有应变能力。

与这些新型的展会类型相适应,展会的功能和作用也在不断发展。从参展商的角度来看,展会始终是很重要的销售渠道。而现在展会又被赋予了新的使命:提高企业的知名度和形象、开展公关活动、进行广告宣传等。

展会是一个参展商与客户沟通交流、发展关系的平台。先进的市场战略理论研究表明,只有植根于企业全套市场营销理念之上的参展行为才能收获具有竞争力的市场表现。

第三节 展览的效益

一、经济功能

展览业发挥着重要的经济功能。展览会把需求和供给带到一起。展览会提供了市场参与者交流的平台,并促进了市场的发展和复苏。展览会的其他经济功能有:①贸易功能,货物、服务和信息交易;②透明功能,总观市场;③发展功能,支持国家、地区和城市的商业发展。

以 2018 年世界展览状况为例(根据 UFI,全球展览业协会的统计):全球室内展览面积达到 3470 万平方米,全球共举办展览大约 32000 个;全球共有大约 500 万展商参加了展览;全球共有大约 3.03 亿人参观了展览。

二、组展公司的经济效益

组展商下订单、付税、投资展览会基础设施,而地方工业、地方政府和交易企业受益。

组织和支撑展览会需要雇人,提供职位、支付工资和工作场所。这些付出为地方或城市带来收益。人员的消费更增加受益的效应。

三、参展商的经济效益

本地和非本地参展商向组展商支付参展费用和其他费用,下订单、购买个人物品、付税、租车以及支付膳宿。

参展商雇用临时员工并以信息、激励作用和销售订单为展览会做贡献。受益人为组展商、当地雇员、零售商、手工艺人、饭店、餐馆、运输公司、娱乐企业和地方政府。

四、观众的经济效益

本地和外地观众向组展商付费参观展览会,产生服务、购买个人物品、付税、租车以及支付膳宿餐饮。

观众以信息、激励作用和销售订单为展览会做贡献。作为回报,观众获得市场、产品和服务的信息。

相对来讲,受益人是组展商、零售商、饭店旅馆、餐饮店、运输公司、娱乐公司和地方政府。

五、派生效益

通过展览会受益的不仅仅是直接参展商。派生效益也延伸到展览会的间接参与者:首先,政府从与展览会相关的经济活动中获得税赋收益;其次,所有的相关服务商都会从含有指数效应的需求增长中获得收益,特别是饭店、旅馆、交通运输、餐馆以及其他方式的饮食供应商。

多种效应增加其他行业的连带收益——出租车消耗更多的汽油,而加油站的销售额增加,利润增长,如此延伸,不一而足。

各行业从业人员赚得更多的钱,也会在该地区花费,增加消费支出。

六、区域:关联原则和销售乘数效应

关联原则和销售乘数效应是用来解释某一行业与某个地区财富创造之间的关系的。关联原则描述了各行业之间的关系,而销售乘数效应则用来衡量某个地区举办经济活动时观众的额外花费产生的直接的、间接的和引发的效应。它把观众的花费和由此产生的营业额的增加联系起来了。结果是产生了更多的工作机会,从而使该地区的财富和整体形象都得到了提升。以下的粗略数字用来估算展览会所带来的金钱效应:销售额—展览会部分,1.0;直接、间接和引发的地区花费的乘数,7.0—10.0。

如何解读:向展览会组织者支付门票或者参展费用的每一欧元都必须乘以 7 到 10 之间的数字。然后你就可以得到在该地区的直接、间接和引发产生的花费的金额。这样可以看出其他企业、个人、这个地区或者城市从展览会和相关的活动中受益。

本章小结

展览不仅仅是把有趣的东西在特定的时间和地点聚集起来。它们是人类的活动,人类的企业,为了实现某种特定的目的,承担着特定的使命。它们是人们交流活动的一种方式,展商和促销者作为一方与观众进行交流。它们的结果是人类思想和活动进一步交流。展览业发挥着重要的经济功能。展览会把需求和供给带到一起。展览会提供了市场参与者交流的平台。它们促进了市场的发展和复苏。

关键概念

展览会 博览会 展览的经济功能 展览的派生效益

复习思考题

1. 展览包括哪些类型？每种展览类型各有什么特点？
2. 展览会与交易会有哪些区别？
3. 展览发展历史的各个阶段具有哪些特征？
4. 展览的经济功能体现在哪些方面？
5. 展览的经济效益和派生效益有什么联系和区别？

第二章

展览主题策划

学习目标

- 理解展览主题的含义。
- 掌握确定展览主题的三个步骤。

案例引导

戴光全、陈欣以 2006 年 11 月到 2008 年 5 月这段时间内连续的因特网关于中国"展览"的中文网页为研究文本,采用媒体研究的内容分析方法,通过 SPSS 统计分析,对中国各省(市、自治区)主要展览的时空特点进行了研究,其中关于展览的行业分布和主题统计如下。

1. 行业分布

从展览的行业分布来看,全国的展览行业分布比较均匀,但不同省(市、自治区)的行业集中度不一,总体上表现为展览少的省(市、自治区)集中度高、展览多的省(市、自治区)集中度相对较低。

从具体的行业分布来看,各省(市、自治区)展览所属的行业分布是和各省(市、自治区)经济发展的重点密切联系的。尽管各省(市、自治区)展览所属的行业分布较多,但前十位的行业则相对集中。

2. 主题统计

在对展览主题的统计中可以看出,东部、西部以及全国范围内,主题缺失的展览是有主题的展览数量的 5 倍左右;在有主题的展览中,东、中、西部平均关键词个数各为 4.51 个、6.88 个和 3.80 个(见表 2-1)。同时,各区域展览关注的主题也各有不同,这从各区关键词出现次数的排名可以看出(见图 2-1):东部展览较多以"发展""绿色""生活""新"等为关键词,中部展览多出现"创新""合作""和谐""汽车",西部展览则多关注"传承""发展""和谐"和"绿色"等,总体上"发展""和谐""绿色"等是全国展览的关注焦点。

表 2-1　东、中、西部展览主题统计

分区	展览数合计	主题缺失的展览数	有主题的展览数	关键词个数	平均每个展览主题的关键词个数
东部	433	356	77	347	4.51
西部	121	101	20	76	3.80
中部	76	59	17	117	6.88
合计	630	516	114	540	4.74

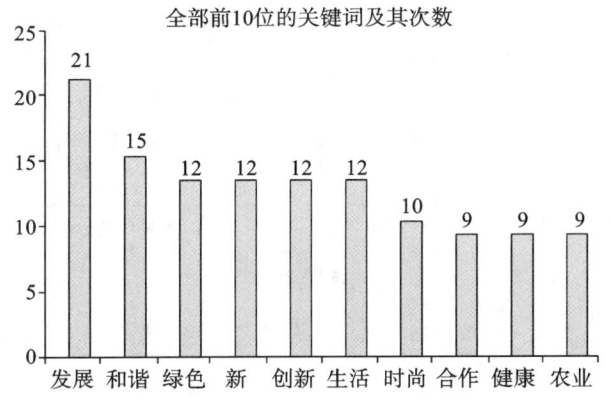

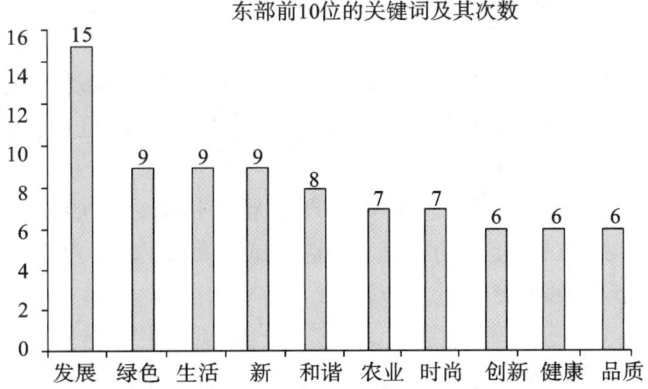

图 2-1　全国及东、中、西部展览关键词及其次数

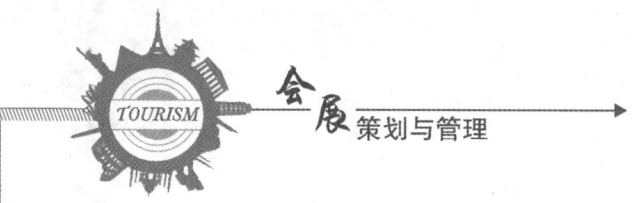

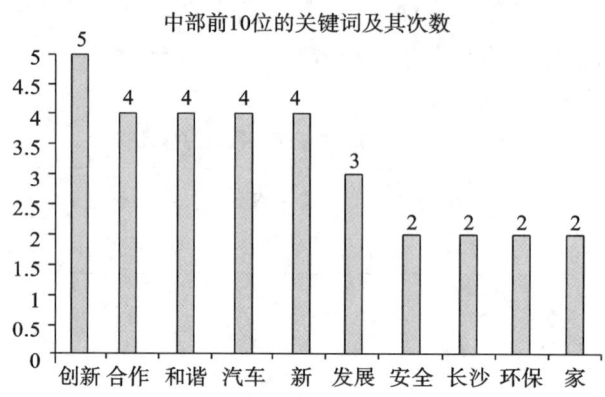

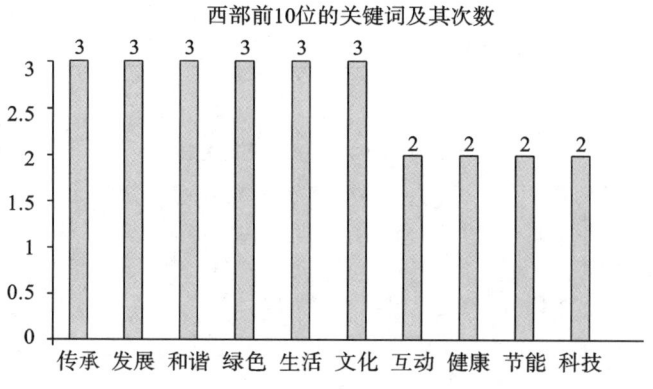

续图 2-1

（资料来源：戴光全，陈欣．因特网视角下的中国展览业时空特征[J]．地理研究，2010(12)．)

展览的主题是展览的中心思想，是展览内容和目的的集中体现和概括。展览主题策划是展览策划的开始，主题选择的好坏和准确与否，将直接影响展览会的质量，并对展览会的举办及今后发展产生巨大的影响。

对于一个已经举办过多届的展览，展览主题主要是指新一届展览会将以什么理念来吸引参展商和观众；而对于一个新办展览，确定展览主题需要经过"选择行业——确定题材——确立主题"三个步骤。

第一节　选择展览行业

专业型展览已经成为国际展览业发展的主流，对于专业性的展会而言，一个展会一般只涉及一个或少数几个行业。展览企业需要分析行业的各项特征，并评估自身的优劣势，再结合举办地的产业特征、政府政策等情况来综合判断应该选择哪一个行业办展。

一、行业的选择

展览企业需要从以下几个方面来选择适合办展的行业。

(一)行业周期

一个行业的发展要经过投入、成长、成熟和衰退四个阶段。处于投入期的行业,企业数量有限,市场规模不大,此时举办展览难以获利;处于成长期的行业,由于市场扩张快,企业数量增多,盈利性好,对物资、设备的采购和投资需求也较大,较适合办展览;处于成熟期的行业,由于市场竞争激烈,企业数量较多,很多企业在为产品寻找销路,也比较适合举办展览;处于衰退期的行业,由于企业数量在不断减少,企业的盈利性差,企业生产和投资萎缩,不适合办展览。

(二)行业规模

行业规模主要是指行业的生产总值、销售总额、进出口总额和从业人员数量等,这些是展览策划时需要参考的重要数据,因为行业规模决定了展览的规模,展览企业应该选择一定规模的行业办展,适量的规模才能保证参展商和观众的数量,如果行业规模小,参展的企业和观众数量可能都会不足。

(三)盈利能力和未来潜力

行业的盈利能力是办展企业出于生存必须考虑的,行业的盈利性强,在该行业办展才可能获得好的盈利。当然,有些会展企业可能着眼于长远的盈利性,即关注行业未来的潜力,它们可以接受眼前的亏损,等到行业发展起来了再赚取利润。

(四)行业的垄断性

如果一个行业具有垄断性,比如,只有少数几个生产企业,那么,除非会展企业与垄断企业有很好的联系和沟通渠道,否则,吸引企业参加展会将是一件很困难的事;如果该行业产品的用户具有垄断性,比如议价能力很强,则展会邀请观众可能会付出很大的代价。

(五)中间商数量和关联行业状况

进入一个行业办展,除了生产商的数量会决定展览规模,各种中间商和关联行业厂商状况也会影响展览规模。中间商和关联行业厂商既可能是展览的参展商,又可能是展览的观众,他们都有展览潜在的客户。

(六)产品销售方式

一般来说,适合办展的行业的销售方式应该是以"看样成交"为主,意味着对产品的外观设计、功能演示比较看重,如果产品主要是看说明书或图纸成交,则该行业办展的空间就较小。另外,如果行业的产品批发市场发达,有众多大型的批发市场,则在该行业办展也会遇到较大的困难。再者,如果产业的销售渠道比较成熟,各企业的销售渠道已经自成体系,那么也不利于在该行业办展。

(七)行业协会状况

计划办展的行业是否存在行业协会,以及行业协会在行业内的号召力如何,对展览会的成功举办有着较为重要的影响。一般来说,如果行业内存在一个具有号召力的行业组织,则

意味着该行业有较统一的行业规范和行业自律,行业协会对企业的参展意愿和参展行为能够产生较大的影响。办展企业就应该积极争取该行业协会的支持,并开展与行业协会的合作,推动展览的成功举办。

二、选择展览行业的常用技巧

(1)关注产业政策。从区域内的优势产业和主导产业中寻找对象;从政府重点支持、优先发展的产业中寻找对象。

(2)考虑地域特点。考虑当地的经济结构特色,可以利用其生产优势,在具有生产优势的领域办展;也可以利用其消费优势,在重点消费领域办展,包括生产资料消费或生活资料消费。同时,还应考虑当地的周边辐射范围,考虑能辐射到的区域的经济特色。

(3)寻找行业内合作伙伴。和行业协会联手,利用行业协会在行业内的号召力;寻求对口的主管部门和单位的支持,可以提高展览的规格和权威性。

(4)新兴产业由于市场规模急剧扩大,新企业在不断地进入,新的企业具有通过参展来树立形象、扩大影响、增强交流的动机,它们非常愿意参展。

(5)对于消费类的展览会,需要了解消费者的消费观念、消费趋势、购买力、市场容量等情况。

(6)制造业一般会选择通过参展来推销创新、革新、有特色的产品。

(7)服务业愿意通过参展来推销先进的理念、时尚风向等思想性、娱乐性的内容。

(8)有些产业的订货和销售的季节性很强,进入这类产业办展需要把握其季节性特征。

16

知识链接　　　　2018 年展览会行业分布情况

中国会展经济研究会统计委员会为提高统计数据的可靠性,在各地上报统计数据的基础上,通过互联网检索和抽样问询的方式,采集、核对了全国各地展览的具体信息,并建立了项目清单。

2018 年项目清单所列 5848 场展览,展览总面积 12110.73 万平方米。其中,综合性展览 519 场,展览总面积 1009.9 万平方米,占清单项目总数的 8.87% 和 8.34%;行业性展览 5329 场、总面积 11100.83 万平方米,占清单项目总数的 91.13% 和 91.66%。

2018 年的 5329 场行业性展览,按展览主题可分为行业大类 27 个,包含细分的行业小类 133 个。其中以乘用车为主题的汽车展览数量最多,达 751 场,占行业类展览总数的 14.1%,较 2017 年增加 196 场,增幅达 35.31%;其次为家居家装、食品饮料,展览总面积 1563.98 万平方米,占行业类展览总面积的 14.09%,较 2017 年增加 39.60 万平方米,增幅达 2.6%。

(资料来源:中国会展经济研究会会展统计工作专业委员会,《2018 年度中国展览数据统计报告》.)

第二节　选择展览题材

在确定了要进入的行业以后,还需要确定在该行业中办展的展品范围,展品范围是表现展览主题的材料,所以被称为展览题材。比如,2018 年 9 月第十届中国(海南)国际海洋产业博览会设立了多个题材:"一带一路"国际展区、海洋能源及化工展区、海洋交通展区、海洋科技、海洋渔业展区、海洋旅游展区、海洋生物制药展区等。选择题材的常用方法有新立题材、细分题材、延伸题材、合并题材。

一、新立题材

新立题材是指对收集到的各种信息进行整理和分析,选定一个会展企业从来没有涉及的行业领域作为举办新展览的展览题材。对于办展企业来说,新立题材的好处是进入了一个新的市场,别的展览企业可能尚未进入或进入较少,这样可以避开竞争;新立题材通常是新兴的行业,会展企业只要抢先一步,成功的可能性就较大;展览企业可以从国外已有国内尚未有的展览题材中寻找机会,国外在该题材上成功办展的经验是国内办新立题材展览很好的借鉴。

但是,新立展览题材也会有一定的风险:第一,由于缺乏对新领域的了解,展览企业可能对产业的发展重点和热点难以准确把握,展会可能因此缺乏市场号召力;第二,展览企业可能缺乏客户基础,对于该领域生产商和买家的情况缺乏了解,也不熟悉行业组织机构,这势必影响展览会的筹备工作;第三,进入一个陌生的领域,展览企业可能面临人才缺乏、信息不全、经验不足的问题,这都可能产生一定的风险。

二、细分题材

细分题材是将展览企业已有的展览会题材做进一步的细分,从原有的大题材中分列出更小的题材,并将这些小题材办成独立的展览会。细分题材不是随意的,需要满足一些条件后才可以进行细分:第一,原有的展览已经发展到一定的规模,某一细分题材在原有的展览会中已经占有一定的展览面积;第二,由于场地、人力等因素的现状,某一细分题材在原有的展览会中的面积已经很难再进一步扩大,如果将其独立出来,其发展的空间会更大;第三,将某一细分题材分离出来,原来的展览会不会受到太大的影响,或者将这一细分题材分离出来后,原有展会还会得到更好的发展;第四,某一细分题材与原有展览会其他题材之间具有相对的独立性,收集到的各种信息表明,这一细分题材适合单独举办展会。

通过细分题材的方式来举办新题材的展览会有以下好处:第一,由于细分题材是从原有展览会中细分出来的,会展企业对该题材有一定的了解,有专业信息积累,并有一定的客源基础,新展会容易举办成功;第二,分离以后,给留下来的展览和新分出来的展览都提供了发展壮大的空间,两个展览都可能发展得更聚焦和更专业。

但是从原有展览中细分题材办新展览也是有一定风险的,需要掌握细分题材分离的最佳时机,慎重评估细分题材独立办展的实力,以及考虑分离后对原来展览带来的冲击。通

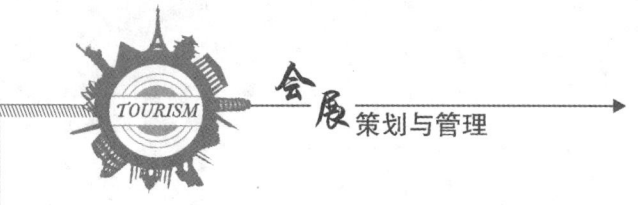

常,如果这一细分题材的展览会刚开始规模较小,就可以将它和原有的展览会同时同地举办,以便培育其发展壮大,等其发展壮大到一定规模时,再将其彻底和原有展览分离。

三、延伸题材

延伸题材就是将现有展览会没有包含但与现有展览会题材有密切关系的题材,新列入现有展览会展览题材的一种方法。延伸题材是对现有题材的发展扩大,通过延伸题材来发展展览可以使展览的内容更加完整,范围更加广泛,更具有行业代表性。但是,如果延伸题材处理不当,也会带来一定的风险:第一,不适当的延伸可能使得现有展览变成"大杂烩",影响其专业性;第二,新题材的加入对信息收集、人员管理、展区划分等等带来新的要求,现有的展览企业和项目要适应延伸题材的要求。

四、合并题材

合并题材是将两个或两个以上有一定关联的展览题材合并为一个题材来举办展览。在办展实践中,可能是将两个或两个以上展览中相同的或者具有关联性的展览题材剔除出来,放在一起统一办展。这样的合并可能会涉及两个或更多的办展机构间的业务合作,如何处理企业间合作是重要的问题。

合并题材的优点是有机会做大做强该题材的展览会,和同行合作可以消除市场竞争。合并题材的缺点是合并不好会影响展览的专业性,多个企业和机构间的合作可能存在协调困难。

下面我们以"汉诺威消费电子、信息及通信博览会(简称 CeBIT)"的产生、发展和结束的 33 年历程来体会展览题材的新立、细分、延伸和合并。

汉诺威消费电子、信息及通信博览会(简称 CeBIT)是由德国汉诺威展览公司主办的。CeBIT 的意思是"办公及信息技术中心",以集中展示通信与网络、信息技术设备及系统、软件、在线服务、办公室技术、银行技术、ICT 技术等方面的最新技术和产品。经过不断的发展,CeBIT 已经成为全球较具规模和影响力的信息及通信技术博览会,被誉为"全球最大的商贸交易会"。

(一) CeBIT 发源于汉诺威工业展览会

CeBIT 最早是作为汉诺威工业展览会的一部分出现的。1970 年,汉诺威展览公司在临近展览馆北入口的地方增设了新的 1 号展馆,用于 CeBIT 展示。然而当时没有人预料到数据处理市场会不断细分,市场以惊人的速度保持增长,很快,展览馆 1 号大厅的容纳能力已跟不上这一产业的发展速度。20 世纪 70 年代末,汉诺威展览公司决定将 2 号馆及 18 号馆全部用于 CeBIT 的展出。20 世纪 80 年代初,CeBIT 规模再次扩大,不得不把 3 号馆也投入其中,然而需求仍无法满足。随着越来越多的数据处理商、软件供应商和个人电脑制造商倾向于将 CeBIT 作为其最佳的展示平台,CeBIT 已由最初的"办公及信息技术中心"发展成了"世界办公、信息及通信技术中心"。

在 1980 年的汉诺威工业博览会上,来自"信息及通信技术"领域的展商数量仅次于电子工程。尽管增设了临时展馆,仍旧无法容纳所有报名的展商。并且展位面积的大小也不再能满足展商的需求。1985 年,CeBIT 从汉诺威工业博览会脱离并独立的迫切性愈加明显。

相比于 1970 年,在这届展会上,IT 展商数量达到 1300,增长 2 倍,仍有 870 家企业没能参展;展出总面积达到 130600 平方米,增长 2.5 倍;观众数量率跃升到 293000,增长近 5 倍。近 7000 家展商和 800000 多名观众的超大规模使本届汉诺威工业博览会的接待能力达到极限。

(二)CeBIT 从汉诺威工业博览会中分离

汉诺威展览公司最终宣布从 1986 年起,CeBIT 将作为独立的展会于每年三月举办,比每年四月举办的汉诺威工业博览会提前一个月。这是一个很艰难的决定,汉诺威展览公司同重要展商的首席执行人员及相关行业协会的领导进行了连续数月的商讨。

首届 CeBIT 开幕前,汉诺威展览公司及所有展商和观众既充满期待又带有一丝不安和焦虑。1986 年 3 月 12 日,当首届 CeBIT 迎来 2142 家展商在 200000 平方米的展出面积上展示其最新产品、系统和服务时,所有的不安和焦虑都烟消云散。一共 334400 名观众参观了首届 CeBIT。此外,首次纳入 CeBIT 的"通信"展区也迎来了 190 家展商。

CeBIT 迅速发展为规模最大的 IT 行业国际顶级盛会。1996 年汉诺威展览公司还推出 CeBIT 分展会"CeBIT HOME——家庭及消费电子的世界",目标锁定于销售商、SOHO 一族以及个人电脑、多媒体和互联网使用者。但是,由于展商反响不是很热烈,CeBIT HOME 于 2000 年停办。

(三)33 年的 CeBIT 落幕

2018 来 11 月 29 日,毫无征兆地,CeBIT 官方网站突然宣布,CeBIT 2019 被取消。被取消的大展包括展览展示、会议论坛和节日三大板块。

实际上,CeBIT 2018 大展还被视为 CeBIT 转型的开始,展会期间共吸引观众超过 21 万人,其中专业观众占比 90% 以上,而中国是除东道主德国之外最大的参展国,共有 513 家中国企业亮相,展出面积达 1 万平方米。

展览业界认为 CeBIT 的落幕是源于 2019 年 CeBIT 展览展位预定量减少。对于今后的 CeBIT 发展规划,德国汉诺威展览公司表示,CeBIT 中与工业相关的主题将整合到汉诺威工业博览会,同时更多 CeBIT 主题将发展成面向垂直行业决策者的专业展会。德国汉诺威展览公司董事局主席柯克勒博士(Dr Ckler)介绍:"近年来,德国工业界的许多讨论均涉及了汉诺威工业博览会和 CeBIT 之间的主题重叠。现在是时候将 CeBIT 下属的与制造、能源和物流相关的主题整合到汉诺威工业博览会里了。"他还补充到:"我们目前正在研究数字市场,以决定针对哪些剩余的 CeBIT 主题开发新的展览活动。"

第三节　确定展览主题

在选择了展览行业和题材之后,就应确定展览的主题。展览主题的常见表现形式是一句简洁、响亮的话,比如 2010 年上海世博会的主题是"城市,让生活更美好"。展览主题是展览内容和目的的集中体现和概括,是展览的中心思想,比如,2017 年第十八届成都国际家具工业展览会的主题是"中国平台,全球共享",这是在成都国际家具工业展览会获得了全球展

览业协会（UFI）认证，正式成为这个全球会展业最权威的国际性组织的成员的背景下，继续扩大家具出口量的目标下确定的。

一、展览主题确定的原则

（1）前瞻性。选择展览主题必须先了解行业的前沿问题和发展方向，还需要把握展览各方参与者的兴趣所在，前瞻性地提出具有吸引力的展览主题。

（2）独特性。展览主题要避免雷同，要清楚地表明有区别与其他同类型展览的与众不同之处。

（3）综合型。展览主题要有一定的包容性，不能太单一，否则会影响展览的客户参与度。比如，上海世博会的主题是"城市，让生活更美好"，"城市"这个主题可展示性强，可参与度高。

二、展览主题的功能

（一）解释会展目标

展览主题是对展览目标的进一步阐述，也是展览目标的具体化。第五届中国非遗博览会的主题为"活态传承、活力再现"，展会通过多种形式进行展演和展示，展现了非遗与人民群众生活的密切联系，其目标就是让非遗走近大众，贴近生活。可以说，该主题很好地概况了本届非遗博览会的目的。

（二）展开会展情节

无论什么样的活动，围绕主题是举办活动应遵循的原则，主题是活动情节展开的最有利的主线，因此，展览的主题可以是展开展览的情节。2018年北京国际科技产业博览会的科技创新创业成果展区，确定的主题是"创新创业，普惠大众"，该展区的主题确立是因为十九大以来大众创业、万众创新蓬勃发展，创业群体持续壮大，创新成果不断涌现，而该展区的展示内容正集中展现了创业创新为经济发展提供新动能，普惠大众、普惠社会等内容。

（三）突出会展特色

展览的特色一般都是通过展览的主题来表现的。展览的主题可以是一个或几个，但是绝对不能没有。2018年亚洲消费电子展（CES Asia）的展览主题有四个，分别是"汽车技术""人工智能""移动互联""增强现实与虚拟现实"。通过这四个主题，参加展览的客户可以了解到展览展示的前沿科技所涉及的内容和范围，了解展览的突出特色。实际上，此届展览在这四个方面产生了重要影响。福布斯评论"来自海内外的品牌汇聚中国上海，在展会上惊艳亮相，展示各项技术创新，包括无人驾驶汽车、充满未来感的新概念车以及可用于当今汽车的各种新奇小玩意"；财全球评论"展览的亮点是虚拟现实和增强现实技术。在为期三天的盛会中，500多家参展商互相展示这些模拟技术，吸引大批观众亲身体验"。

知识链接 世博会主题，反映时代的变迁

1933 年以前的世博会，都没有提出明确的主题。1933 年美国芝加哥世博会首次设定主题"一个世纪的进步"。我们翻阅世博会的主题，不难看出世博会的主题追随了世界的变化，反映了时代的变迁。

1958 年布鲁塞尔世博会是第二次世界大战以后的首届世博会，它将主题定为"科学、文明和人性"，这是发出了和平的呐喊。1964 年纽约世博会的主题为"通过理解走向和平"。

从 1970 年大阪世博会以"人类的进步与和谐"为主题开始，世博会主题进入讨论人类的未来、人与自然和谐相处的阶段。1974 年美国斯波坎世博会的主题是"无污染的进步"；1984 年美国新奥尔良世博会主题为"河流的世界——水乃生命之源"；1985 年日本驻波世博会主题为"居住与环境——人类的家居科技"；1998 年葡萄牙里斯本世博会的主题是"海洋——未来的财富"。

2005 年日本爱知世博会的主题定为"自然、城市、和谐——生活的艺术"。该届世博会很好地践行了这一主题，在园区建设过程中不惜更改会址，园区建设严格地遵循了环境保护、资源循环利用的方针。

2010 年上海世博会的主题是"城市，让生活更美好"，这是自 1933 年美国芝加哥世博会首次设定主题以来，世博会第一次出现"城市"主题。这一主题非常富有时代性，解读了人与城市的密切互动关系。

本章小结

展览主题是贯穿于整个展览的中心思想。展览主题策划是展览策划的开始，主题确定是否合适将直接影响展览会的质量。展览会的主题绝不能信手拈来，一个新办展览的主题确定需要经过选择办展行业、选择展览题材、确立展览主题三个步骤。

专业性的展会一般只涉及一个或少数几个行业，组展企业需要分析行业的各项特征，并评估自身的优劣势，再结合举办地的产业特征、政府政策等情况来综合判断应该选择哪一个行业办展。

组展企业在确定了办展行业以后，需要进一步明确在该行业中办展的展品范围，展品范围是表现主题的展览材料。选择展览题材的常用方法有新立题材、细分题材、延伸题材、合并题材。

在明确了展览行业和题材之后，就应确定展览的主题。展览主题的常见表现形式是一句简洁、响亮的话。展览主题可以是解释展览目标，也可以是展开展览情节，还可以是表明展会的特点。

关键概念

展览主题　办展行业　展览题材　行业协会

复习思考题

1. 展览企业在选择办展行业时需要考虑哪些因素？
2. 可以采用哪些方法来确定展览题材？
3. 确定展览的主题应该坚持哪些原则？

第三章

展览项目的确立

学习目标

- 了解展览项目确立需要完成的工作内容。
- 理解如何进行展览项目的外部环境与内部资源分析。
- 了解展览会的基本框架设计。

案例引导　　　　会展项目立项四原则

会展项目立项遵循可行性原则、利益性原则、创新性原则和灵活性原则。

一、可行性原则

会展项目具有约束的多样性特征，一些大型的会展项目，还受到经济、政治、社会环境及人力、物力、财力和技术等条件的约束，因此我们在进行会展立项策划时，一定要注意策划的现实可行性。这不仅需要大量的对市场环境的调研和信息的收集，了解会展项目市场相关主体的需求，了解会展举办地的法律法规与文化习俗，更需要会展项目团队对会展项目进行科学的策划和管理，以保全会展项目的场馆及其设备设施、资金和人力条件等得到满足，保障会展项目的顺利启动和运行。

二、利益性原则

会展项目具有效益的综合性的特点。因此，在会展项目立项策划的过程中，需要注意利益性原则。即会展项目的立项策划不仅要注重经济利益，同时还要求实现一定的社会效益和环境效益，既要注重近期利益，更要注重长远利益，以实现各种利益的统筹兼顾和综合考虑。

三、创新性原则

会展产业本身属于新型的服务产业，是紧跟社会发展和时代潮流的，要想提高会展项目策划的成功率，注重会展项目的创新性是十分重要的，其既可以表现为会

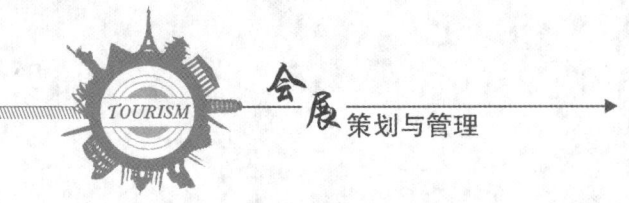

展主题的创新,也可以表现为会展活动过程中任何一个具体环节的创新或者与其他业态的融合创新。

四、灵活性原则

会展项目是具有一定风险性的,因为市场永远是充满变化和未知的,而会展项目在运行中也可能会遭遇种种困境和危机。会展项目在立项策划时应当充分考虑到当危机和风险发生时,会展公司应该如何快速而准确地应对,即会展项目在立项策划之初就应该考虑到项目设置的灵活性和危机管理,以最大限度地减少市场环境变化给会展项目所带来的经济损失和社会影响。

(资料来源:http://www.sohu.com/a/227034118_99965893.)

在确定了展览的主题之后,展览企业就应着手进行展览项目的确立。展览项目的确立是指策展人员在掌握各种信息的基础上,对展览的有关事宜进行规划,并由展览企业管理层做出认可。企业管理层的正式认可标志着一个新项目的开始。

第一节 展览项目确立的主要内容

展览项目能否确立,需要策展人员对展览项目所涉及的外部环境进行分析,对展览企业自身的资源优势和劣势做出客观的评估,对展览的基本框架进行设计和论证,对项目的经济效益进行科学的预测和评价。因此,完成展览项目的确立需要做以下工作。

一、外部环境分析

外部环境是指展览公司身处的不可控的政治、经济、社会文化、法律、技术等各方面情况。分析外部环境的目的是了解各种不可控的因素对展览企业的作用方式和影响程度,并指导企业的管理以动态方式适应外部环境,从而保证展览企业在激烈的市场竞争中立于不败之地。

二、内部资源分析

展览企业需要清楚地了解自身所拥有的资源与面临的限制,它们是项目开展的基础。可以从客户、内部管理、合作与竞争三个方面来分析展览企业的内部资源状况与限制。展览企业应该集中优势资源,克服或弥补面临的限制,推动展览项目的顺利开展。

三、展览的基本框架设计

展览项目的确定是建立在展览基本框架形成的基础上的,所谓展览的基本框架是展览策划人员根据所掌握的信息,确定展览项目的基本事宜,比如,展览名称、举办地点、办展机构、办展时间、展品范围、展览频率、展览规模、招商招展、宣传推广、活动设计、现场管理等等。

四、展览项目的财务分析

展览项目的财务分析包括项目的财务收益分析和财务风险分析两个方面,其目的是判断展览项目在经济上是否可行,并尽可能地规避风险。财务分析包括对展览项目的资金筹措分析、收入成本分析、盈亏平衡点分析、敏感性分析和现金流量分析。

五、其他相关内容

展览项目的确定还需要筹备期工作人员安排、进度控制计划、服务供应商计划等问题。人员安排计划主要包括筹备期工作人员安排、展览举办期间工作人员安排、展后工作人员安排,它涉及人员数量配置和工作职责分配。进度控制计划是指对展览的筹备、举办、收尾等期间的各项工作进行统筹安排,让所有部门和人员都明确各个阶段的具体工作和任务,以保证展览的各项工作有条不紊地进行。服务供应商计划是指组展方选择优质的服务供应商,从而为展览现场、参展商、观众提供优质的配套服务。它要求组展方对搭建、运输、住宿、餐饮等行业有着深入的了解和良好的关系。

本章后面将分节讨论展览项目确立涉及的外部环境与内部资源分析、展览的基本框架设计、展览项目的财务分析。

知识链接　　　展览项目策划书的内容

概括而言,一份展览项目策划书的主要内容有以下几个方面。

(1)办展市场环境分析。包括对展览题材所在产业和市场的情况分析,对国家有关法律、政策的分析,对相关展览情况的分析,对展览举办地市场的分析等。

(2)提出展览的基本框架。包括展览的名称和举办地点、办展机构的组成、展品范围、办展时间、办展频率、展会规模和展会定位等。

(3)展览价格及初步预算方案。

(4)展览工作人员分工计划。

(5)展览招展计划。包括展览的展区安排、展位划分和招揽企业参展的计划。

(6)展览招商计划。

(7)展览宣传推广计划。

(8)展览筹备进度计划。

(9)展览服务商安排计划。

(10)展览开幕和现场管理计划。

(11)展览期间举办的相关活动计划。

(12)展览结算计划。

第二节　外部环境与内部资源分析

一、外部环境分析

（一）政治环境

政治环境是指一个国家政权的稳定性,政府的治理态度和方法,它一般包括一个国家的政治制度、政治形势、政府政策、法制体系建设情况、国际关系等。政治环境对展览会的影响具有间接性、不可预测性和不可抗拒性等特点。国内政局稳定,必然人民安居乐业,经济繁荣增长,随着经济增长和企业发展必定产生对展览会的需求;同时良好的国际和平环境,也有利于国际性展览会的开展。所以,政治环境对于展览会的举办具有重要影响。

（二）经济环境

经济环境是指构成企业生存和发展的社会经济状况和国家经济政策,主要由社会经济结构、经济发展水平、经济体制和经济政策四个要素组成。

（1）社会经济结构指国民经济中不同的经济成分、不同的产业部门以及社会再生产各个方面在组成国民经济整体时相互的适应性、量的比例及排列关联的状况。社会经济机构主要包括五个方面的内容,即产业结构、分配结构、交换结构、消费结构、技术结构,其中最重要的是产业结构。

（2）经济发展水平是指一个国家经济发展的规模、速度和所达到的水准。反映一个国家经济发展水平的常用指标有国民生产总值、国民收入、人均国民收入、经济发展速度、经济增长速度。

（3）经济体制是指国家经济组织的形式,经济体制规定了国家与企业、企业与企业、企业与各经济部门的关系,并通过一定的管理手段和方法,调控或影响社会经济流动的范围、内容和方式等。

（4）经济政策是指国家、政府制定的一定时期国家经济发展目标实现的战略与策略,它包括综合性的全国经济发展战略和产业政策、国民收入分配政策、价格政策、物资流通政策、金融货币政策、劳动工资政策、对外贸易政策等。

（三）社会文化环境

社会文化环境是指在一种社会形态下已形成的信念、价值观念、宗教信仰、道德规范、审美观念以及世代相传的风俗习惯等被社会公认的各种行为规范。在企业面临的诸方面环境中,社会文化环境是较为特殊的,它不像其他环境因素那样显而易见与易于理解,却又深刻影响着企业的生产经营活动,无视社会文化环境的企业营销活动必然会处于被动或归于失败。例如,由于价值观念不同,使得人们对周围事物的是非、善恶和重要性的评价不同;由于民风习俗、礼仪交往等方面的差异,影响到商务谈判的风格和技巧呈现出不同的特点。对于进入国际市场和少数民族地区的企业,注重社会文化环境尤其重要。

（四）与会展相关的政策法规

展览企业需要了解国家有关举办展览的政策法规,其办展行为一定要符合这些政策法规的要求。

（1）展览行业政策法规。由于展览活动涉及的部门和业务十分复杂,所以国家许多部门都发布了关于展览的规定和通知,比如海关总署发布的《中华人民共和国海关对进口展览品监管办法的通知》,国家经贸委办公厅发布的《关于举办全国性非涉外经济贸易展览会有关事项的通知》,商务部发布的《设立外商投资会议展览公司暂行规定》。

（2）展览举办地的政策法规。展览举办地政府对交通、消防、安全、垃圾处理等方面的规定会对展览的举办产生影响。

（3）展览题材所处行业的政策法规。这是指政府对行业的技术、产品生产、使用和销售等方面的规定,这些规定会对参展商和专业观众的行为产生影响,办展企业需要仔细把握。

另外,由于很多参展商会在展览上发布新产品、推出新设计,如何保证这些新产品和新设计的知识产权,是办展企业必须重视的。办展企业需要了解国家和行业在知识产权保护方面的政策法规,进行有效的知识产权保护,保证展览的长远发展。

二、内部资源分析

展览企业的内部资源是展览项目开展的基础,分析展览企业的内部资源情况,可以了解展览企业的优势和劣势,展览企业应该集中优势资源,弥补和克服劣势限制,推动项目的顺利开展。内部资源分析可以从以下几个方面来进行。

（一）客户资源分析

1. 目标参展商

展览举办方需要把握目标参展商的基本情况,包括参展商的经营状况、在行业的业绩表现、在某地区的影响力和辐射力等等。还需要了解目标参展商的参展习惯、参展需求、参展决策人员等信息。所有目标参展商的信息和服务都是展览企业重要的资源。

2. 潜在观众

观众的数量和质量是决定展览成败的关键因素,展览企业需要细致地调查和分析潜在观众,了解观众的来源、职位、观展目的、现场停留时间等情况。观众信息的收集和分析会花费大量的人力和财力,但是,展览企业坚持不懈地信息收集和客户服务工作一定会为展览的观众组织工作带来极大的帮助。

（二）内部管理资源分析

1. 人力资源状况

展览企业的人力资源状况是展览项目运营的关键,它表现为一定的物资存在,即人员的数量,同时更重要的表现为人员的内在体力、智力、知识经验、人际关系、心理特征等无形物资。

2. 技术水平

展览企业的技术水平包括展览策划技能、信息收集和分析技术、市场营销的技能等,技

术水平是决定企业业务成果的重要因素,其效力发挥依托于一定水平的财力和物力资源。

3. 财务实力

展览企业的财务实力表现为能以货币计量的各种经济资源,包括资金、债权和其他权利。既包括静态规模的大小,也包括动态周转状况,在一定程度上还包括企业获取和驾驭这些资源要素的能力和水平。在企业财务资源中,最主要的资源是资金。财力资源是企业业务能力的经济基础,也是其他资源形成和发展的基础条件。

4. 管理资源

管理是对企业资源进行有效整合以达到企业既定目标与责任的动态创造性活动,它是企业众多资源效力发挥的整合剂,其本身也是企业一项非常重要的资源要素,直接影响乃至决定着企业资源整体效力发挥的水平。管理资源应包括企业管理制度、组织机构、企业管理策略。

5. 品牌资源

品牌资源可细分为产品品牌、服务品牌和企业品牌三类。品牌资源尤其是成为驰名商标的品牌(又称名牌)对企业经营成败至关重要,名牌对企业维系顾客忠诚、开拓新市场、推广新的产品等方面具有无可比拟的优势。

(三)合作与竞争方面的资源与限制

1. 服务供应商

展览企业越来越重视核心竞争力的优势作用,为了专注于核心竞争力的培养,而将非核心业务采取服务外包的形式,交由具有一定资质的供应商来提供。这样一来,展览企业与服务供应商的关系、服务供应商的质量成为展览企业重要的资源。

2. 同类展会的数量、分布情况、竞争态势

展览企业在策划展览项目时,首先需要了解同类展会的数量,同类会展的数量越多,意味着客户资源争夺越激烈,对在该产业中策划举办新会展越不利;其次,需要了解同类展会的分布区域,可以在有空白或者分布稀疏的区域寻求办展机会;最后,需要了解同类会展之间的竞争关系和它们竞争的激烈程度,以便制定竞争战略。

3. 重点展会

对于同类展会中,那些规模和影响都较大、行业口碑较好的展会,或者和新办展览有直接竞争关系的展会,需要全面了解其展会定位、主办机构、举办时间、举办频率、举办地点、会展规模、参展企业数量及分布、观众数量和结构、展品范围等信息。

第三节 展览的基本框架设计

展览在立项阶段就需要对展览会的基本框架做出安排,包括展览名称、举办地点、办展机构、办展时间、展品范围、展览频率、展览规模等,还需要分析这些内容与办展企业自身的能力和办展目标是否相吻合。展览会的基本框架在得到办展企业管理层的审核通过之后成为展览立项的基础内容。

一、展览名称策划

展览的名称一般包括三个方面的内容,即基本部分策划、限定部分策划和行业标识策划。展览名称要准确,要能体现展览的特点,要能反映行业的亮点。

(一)基本部分

展览名称的基本部分用来表明展览会的性质和特征,它一般反映展览是专业展还是综合展,是贸易展还是消费展。基本部分常用的"展览会""博览会""展销会""节"等。这些词在含义和使用习惯上都有一定的区别:"展览会"是指具有较强的专业性,展览题材比较集中,以贸易洽谈和宣传展示为主要内容的展览会;"博览会"相对于展览会而言,其展览题材更加广泛,一般规模较大,专业化程度较低;"展销会"最大的特点是以现场销售为主要内容,观众来源广泛、展览题材灵活;"节"常常和"节庆活动"相联系,一般活动内容灵活多样,可能既有商贸交流又有宣传展示的目的。

(二)限定部分

限定部分主要说明展览会的时间、地点和范围。在展览的名称里,用来表明时间的方式有三种,分别是"第×届""×年""×季";举办展览的地点通常会在展览名称里出现;关于展览的范围,展览名称里通常用"世界""中国""西部"等词汇来表达。

(三)行业标识

行业标识是展览会名称的核心部分,它主要说明展览会所属的行业、展览题材和展品范围。行业标识可能显示一个产业,也可能是一个产业中的一个或几个产品大类,还可能是几个产业的综合,这是由具体的展览题材和展品范围决定的。

比如,"第七届北京智慧农业装备与技术博览会""2019 北京国际文创产品交易会""第二十届成都国际家具生产设备、定制五金、原辅材料展览会""2019 第十三届义乌汽车文化节",所有这些展览名称中都包含了体现展览性质的基本部分、揭示时间和地点的限定部分,以及行业标识部分。

二、展览举办地点策划

展览会举办地点包括两个方面的内容:一是展览在什么区域、城市举办;二是展览在怎样的场馆举办。

(一)展览举办地的选择

展览选择在哪个地方举办,与展览题材所属的行业、展览的范围、展览的定位等因素有关。从展览题材上看,展览最好选择在展览题材所在行业的生产或销售比较集中的地方举办,或者是在其邻近地区、交通比较便利的地方举办,这样展览就有充分的市场基础;从展览的范围上看,国际性的展览应在对外交通或海关通关比较便利的地方举办,这样有利于海外客户的参展和观展,而全国性的展览则应在国内比较重要的经济或交通中心举办,有利于国内客户的参展和观展;从展览定位上看,展览举办地的选择要与展览的定位相一致,符合展览的全国性或区域性、专业性或大众性、贸易性或节庆性等定位要求,举办地要能发挥号召力,体现展览的定位优势。

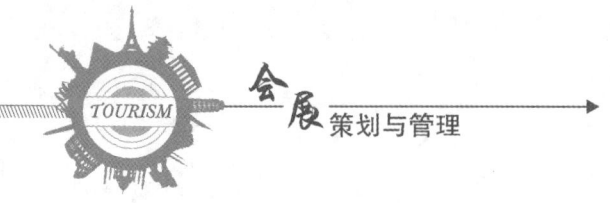

（二）展览举办场馆的选择

可供展览举办的场馆种类很多，有展览馆、会议中心、体育场、文化广场、剧场、博物馆等等。展览场馆的选择应考虑以下因素。

（1）场馆的交通位置。场馆是否邻近机场，是否靠近地铁口，是否有足够的停车场地，如果需要接送，接送的交通工具是否充足、费用如何。

（2）场馆的空间与设施。展厅尺寸和高度，是否有货运接收区，展厅能否进行分隔，空气压缩机、供水、排水、电力、煤气、电话、网络、音响、灯光等等设施设备是否齐全，防火逃生通道、餐厅、洗手间、寄存等公共区域是否充足和便捷。

（3）场馆周边住宿与餐饮。参展商和专业观众来参加展览需要逗留的时间通常会超过一天，因此场馆周边住宿设施是否完善，能否提供卫生舒适的餐饮对于参展商和专业观众的满意度会产生重要影响。

（4）场馆及周边的环境。这里的环境包括空气质量、景观绿化、治安状况、网络信号等内容，展览应该尽量选择在场馆内部及周边环境好的地方举办。

三、办展机构的组成

办展机构一般包括主办单位、承办单位、协办单位、支持单位等等。

主办单位有实际主办单位和名义主办单位之分。实际主办单位是拥有展览的知识产权，对展览承担主要法律责任的单位。实际主办单位可能会参与展览的实际策划、组织、操作和管理，也可能不直接参与，而是委托承办单位来完成展览的上述组织与管理工作。名义主办单位一般为政府行政部门或行业协会，既不拥有展览也不对展览承担法律责任，更不可能进行展览的组织与管理，其主要作用是扩大展览的影响和号召力。

承办单位是直接负责展览的策划、组织、操作与管理的单位，它是展览办展机构中的核心单位。承办单位有专门从事办展的部门并拥有专业的人员，承办单位可能承担招商、招展、设计、宣传等全部办展工作，也可能只承担一部分自身具有优势的工作。

协办单位是协助主办单位或承办单位，参与部分展览组织与管理工作，其任务主要集中于部分招展、招商、宣传、推广工作。

支持单位是指对展览的一些工作或某个环节起到一定支持作用的机构，特别是一些权威单位的支持，能够有效增强展览的号召力，有利于招展和招商。

知识链接　　　　　　展览的办展机构组成

"2018 第十三届上海国际轨道交通展览会"的办展结构组成如下。

支持单位：交通运输部运输服务司、国家发展和改革委员会基础产业司、商务部投资促进事务局轨道交通产业国际合作联盟、上海市交通委员会。

指导单位：中国城市轨道交通协会。

主办单位：上海申通地铁集团有限公司、上海国展展览中心有限公司。

战略合作单位:中国国际工程咨询公司、西南交通大学。

协办单位:交通运输部科学研究院、中国中车股份有限公司、上海市交通运输行业协会轨道交通专业委员会、上海市交通运输行业协会现代有轨电车(中运量交通)专业委员会、同济大学铁道与城市轨道交通研究院、上海工程技术大学城市轨道交通学院、中国土木工程学会隧道及地下工程分会、上海市土木工程学会、上海铁道学会 TCCA 中国分会。

协办媒体:《城市轨道交通研究》《世界轨道交通》《专用移动通信》。

四、办展时间安排

展览公司对于办展时间的安排有多方面的考虑,通常会考虑订货季节,大部分产品都有特定的订货季节,在订货季节举办展览能够更好地吸引参展商和观众;还会考虑企业的财务计划、资金配额时间,一般的规律是前松后紧,上半年的财务经费宽松,参展配额相对充足;此外,还需要考虑同类展会的办展时间,由于同类展会之间或多或少地存在竞争关系,办展企业需要充分考虑竞争对手可能产生的影响,合理安排展览时间。一般来说,展览的时间一旦确定下来,如果没有特殊情况就不能随便更改。连续多年举办的展览会的办展时间可以固定在每年的某一个时间段,也可以每年视具体情况做出调整。有时候,由于展览的场地面积限制,展位紧张,一个展览还会分期举办。

展览会的时间包括展览对外开放的时间,还包括展览的布展、撤展时间。大部分的专业性展览的对外开放时间是 3—5 天,通常布展的时间应该不少于 2 天,有大量特装的展位需要的时间会更多。一个展览有一些重要的日期,展览组织方需要准确掌握,并针对性地安排工作计划,这些重要的日期包括开幕式和闭幕式、展览期间的主要活动时间安排、参展的报名截止日期、组团报名的截止日期、展台搭建进场日、撤展最后期限、媒体接待日、专业观众接待日。

五、办展的规模和频率

衡量展览规模的指标有展览总面积、净展出面积、参展单位数量、观众数量等。参展商购买展位参加展会的一个基本期望是希望有一定数量的观众来看自己的展台,并能够从中捕捉销售线索,最后能够达成交易。而观众专门前来看展则希望有足够数量的参展商,能够实现"货比三家"。因此,组展商应该让展览达到一定的规模。但是,展览的规模受到展会题材所在产业的市场规模、市场容量和发展程度的制约。对于一个产业规模和市场容量都有限,且发展程度不够高的产业,要想在其中办一个大规模的展览基本是不可能的。另外,展览规模的大小还受展览公司所采用的办展策略的制约,不同的办展策略决定了展览规模的大小。比如,展览公司为了保证展览的档次和质量,会有意限制展览的规模,设置参展门槛,实现对参展商的筛选。

办展频率是指展览一年举办几次还是几年举办一次,或者是不定期举行。办展频率主要由展览题材所在行业的产品生命周期、技术更新状况等因素决定。从产品的生命周期来

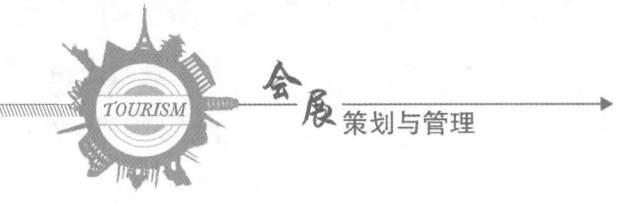

看,如果生命周期较短,产品更新换代速度较快,办展的频率就会高一些;从技术更新状况来看,如果产业的技术发展很快,技术不断推陈出新,产业对于展览的需求就会更旺盛,办展频率就可以高一些。

第四节 展览项目的财务分析

良好的财务管理是展览成功举办的保障因素之一。展览的财务管理内容包括资金筹措分析、收入成本分析、盈亏平衡分析、敏感性分析、现金流分析。

一、展览项目资金筹措分析

资金筹措是展览项目财务管理的重要环节,财务人员需要制订一个详细的资金筹措计划,具体内容包括资金需要量、资金来源渠道、资金使用时间、资金成本、资金分配情况等。

资金筹措应坚持的原则有:①适量原则,即筹措项目运营所需要的资金,资金不足,会影响项目运营;资金过多,会增加资金成本。所以,资金的数量要控制在一个合理的范围。②适时原则,即资金筹集和投放的时间要合适,不能推延耽误项目的正常运营,也不能过早造成资金的浪费。③效益原则,即资金筹措要考虑和比较各种资金来源方式,寻找最佳的筹资渠道,优化资金成本。④安全原则,即资金筹措要注重安全性,控制资金结构比例和使用期限,防止资金链断裂,规避筹资风险。

展览项目常用的筹资渠道有:从上一届展览会的盈余中提留一部分资金;办展机构的各单位出资;银行借款;政府补贴;寻找新的合作伙伴出资;超大型展览项目发行债券;上市展览公司发行股票。

二、展览收入和成本分析

对展览的收入和成本进行分析,并编制展览收入—成本预算表,可以初步了解展览会的收入、成本费用和利润数额。

(一)展览的收入来源

(1)展位费收入。

(2)门票收入。

(3)广告收入。

(4)企业赞助。

(5)其他收入。

(二)展览的成本费用

(1)展览场地租用。

(2)展览宣传推广。

(3)招揽参展商。

(4)专业观众组织。

（5）相关活动组织。

（6）员工报酬。

（7）办公费。

（8）税金。

（9）其他费用。

三、盈亏平衡分析

盈亏平衡分析又称保本点分析或本量利分析，是根据产品的业务量（销售量）、成本、利润之间的相互制约关系的综合分析（见图 3-1），用来预测利润，控制成本，判断经营状况的一种财务分析方法。

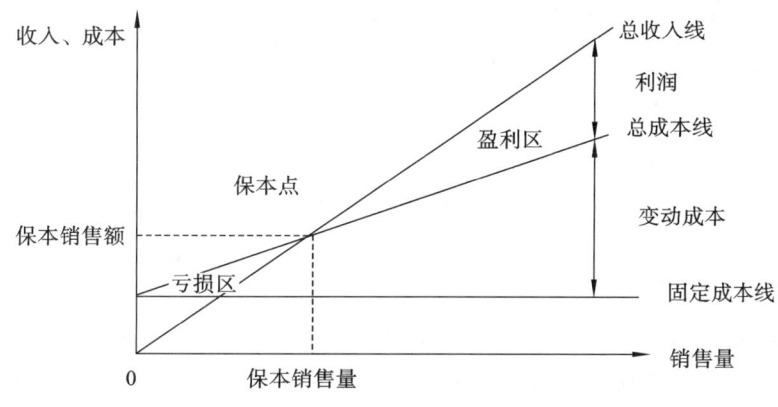

图 3-1　盈亏平衡分析

为了计算展览项目的盈亏平衡点，我们把展览项目的成本划分为固定成本和变动成本。其中，单位变动成本是指单位商品所包含的变动成本平均分摊额，是总变动成本除以销售量的值。

总成本＝单位变动成本×销售量＋固定成本

利润＝（单价－单位变动成本）×销售量－固定成本总额

展览项目的盈亏平衡点，又称保本点，是利润等于零的点，那么可以推导出：

盈亏平衡点销售量＝固定成本÷（单价－单位变动成本）

也就是说，展览项目要保本，必须达到这个临界点销售量。

这个盈亏平衡点还可以用价格、成本等要素来标识。以盈亏平衡点的价格为例，它指的是能够使展览项目达到盈亏平衡的价格临界点，展览项目的单价高于这个盈亏平衡点价格，展览就可以盈利，低于这个价格，展览就会亏损。盈亏平衡点的分析对评估展览项目是否在经济上可行具有极大的参考价值。

四、敏感性分析

敏感性分析是投资项目的经济评估中常用的分析不确定性的方法之一。从多个不确定性因素中逐一找出对投资项目经济效益指标有重要影响的敏感性因素，并分析、测算其对项目经济效益指标的影响程度和敏感性程度，进而判断项目承受风险的能力。若某参数的小

幅度变化能导致经济效益指标的较大变化,则称此参数为敏感性因素,反之则称其为非敏感性因素。

以利润指标的敏感性分析为例,来看敏感性分析的步骤。

（一）确定敏感性分析指标

敏感性分析的对象是具体方案的某些经济效益评价指标,这里敏感性分析的对象是利润。

（二）计算该方案的目标值

一般将在正常状态下的某一个利润指标数值作为目标值。

（三）选取不确定因素

视具体方案的情况,选择几个变化可能性大的因素作为不确定因素,比如单价、单位变动成本、销售量、固定成本等。这些不确定因素的变动都会对方案的利润指标产生影响。

（四）计算不确定因素变动时对分析指标的影响程度

若进行单因素敏感性分析时,则要在固定其他因素的条件下,变动其中一个不确定因素;然后,再变动另一个因素(仍然保持其他因素不变),以此求出某个不确定因素本身对方案利润指标目标值的影响程度。

（五）找出敏感因素

找出敏感因素,进行分析和采取措施,以提高技术方案的抗风险的能力。假如经过测算,得出单价、销售量为敏感性因素,则应对单价和销售量的变动进行密切关注,并采取措施,防范风险。

五、现金流分析

现金流量管理中的现金是一个广义的现金概念,除了包括企业的库存现金和银行存款,还包括现金等价物,即企业持有的期限短、流动性强、容易转换为已知金额现金、价值变动风险很小的投资等。

在现代企业的发展过程中,决定企业兴衰存亡的往往是现金流,最能反映企业本质的也是现金流,在众多价值评价指标中基于现金流的评价是最具权威性的。现金流量比传统的利润指标更能说明企业的盈利质量。因为会计利润是按照权责发生制确定的,可以通过虚假销售、提前确认销售、扩大赊销范围或者关联交易调节利润,而现金流量是根据收付实现制确定的,上述调节利润的方法无法取得现金因而不能增加现金流量。所以,现金流量指标可以弥补利润指标在反映公司真实盈利能力上的缺陷。

对于展览组织机构而言,为了保证现金正向流动,需要做好以下几点。

（1）与客户事先约定付款条款和条件,并以合约的形式确定,促使展览项目有足够的现金收入来承付现金支出。

（2）建立应收账款回收制度,对应收账款进行有效管理,及时回收现金。

（3）与服务供应商建立友好的合作关系,了解应付账款的支付规则,争取宽松的支付时限,获得现金流利益。

拓展阅读

展览业界专家 Denzil Rankine 为展览组织者列出了一个"生存清单",他认为这个清单是所有组织者都应该遵循的。

（1）创新。年复一年地重复相同的场地规划和活动设计会疏远展览参与者,为竞争对手让路。避免重复的一种方法建立重视市场的企业文化,通过吸引人才、激励创新和结构重组来应对市场新变化和新趋势。

（2）战略。展览战略是一种品牌战略。它应该适应市场发展、不断变化的参与者需求和同行竞争。展览组织者必须确定展览战略的愿景、目标、规划和发展,并以品牌为中心进行衡量。

（3）外包。将展览项目总监的角色从多任务处理、简易行政、小型首席执行官转变为品牌战略家,并为其提供支持。将展览项目总监发挥较少价值的领域,如数据、价格或其他不具备前沿专业知识的领域进行外包。

（4）营销。展览组织方能够对参展商产生号召力、吸引赞助商的重要方式是展现营销优势。由于营销功能已经发展,数据和分析技能非常丰富,展览组织方必须集中全力于提升营销能力。营销仍然是展览主管负责的重要内容。

（5）数据。展览组织者已能够有效地利用来自注册、营销自动化、CRM、网络流量、与会者行为调查的数据。为了使数据生动起来,组织者必须严格进行数据管理,并将其嵌入战略和业务规划流程中。

（6）衡量。展览组织者通常只使用收入和销售增长来衡量业务绩效,这是不够的,只有关键绩效指标才是展览健康与否的真正预兆。组织者应该根据展览战略和未来表现制定和管理关键绩效指标。

（7）标准化。会展业的组织和流程标准化做法正在增强,但也常常面临企业内部阻力。每个企业都应该通过标准化来清楚地掌握活动组织实施的过程,尽管它有时会因活动类型和受众而发生细微调整。标准化有利于促进部门之间平滑相互作用,让大家基于共同愿景来支持业务活动。

（资料来源：https://ceirblog. wordpress. com/2017/07/15/a-survival-checklist-for-organizers/.）

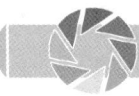

本章小结

在确定了展览的主题之后,展览企业就应着手进行展览项目的确立。首先,展览项目能否确立,需要通过对办展外部环境进行分析,了解各种不可控的因素对展览企业的作用方式和影响程度。展览企业还需要清楚地了解自身所拥有的资源与面临的限制,它们是项目开展的基础。其次,展览项目的确定是建立在展览基本框架形成的基础上的,所以展览策划人员需要根据所掌握的信息,确定展览项目的基本事宜。再次,展览项目的确立还需要进行财务收益和风险分析,其目的是判断展览项目在经济上是否可行,并尽可能地规避风险。最后,展览项目的确定还需要考察期人员安排、进度控制、服务供应商计划等问题。

关键概念

展览项目确立　展览项目策划书　展览的基本框架　展览收入　展览成本

复习思考题

1. 办展企业在确立展览项目时应该如何分析外部环境?
2. 办展企业在确定展览项目时应该如何评估内部资源?
3. 展览的基本框架包括哪些内容?
4. 展览收入的主要来源是什么?展览的成本包括哪些内容?

第四章

展览的宣传推广

学习目标

- 掌握展览宣传推广的特点。
- 了解展览形象的设计。
- 掌握展览宣传推广的主要手段。

案例引导

展览业界专家 Scott Schenker 指出,宣传推广就像音乐,有限的音符能够组合成无限的乐曲,有好的,有不好的。那什么是好的展览宣传推广呢?一个好的宣传推广应该具备以下这些特征。

(1)针对性。你的宣传推广想触及谁?并向他传递什么样的信息?这里包含了目标受众和宣传推广的目的。

(2)相关性。你如何与他们的需求、欲望和喜好建立联系?你提供的信息和所选择的媒介是否恰当且有效力?

(3)创新性。你所提供的信息是否能从噪音中脱颖而出,并包含新的和令人兴奋的东西?

(4)唯一性。你提供的方案与其他解决方案、替代方案有何不同?

(5)一致性。你所有的营销、销售和执行在关键点上是否保持一致?

(6)可测量性。你如何知道是否达到了目标?

展览的宣传推广是指展览会主办单位利用一切手段、方法和技术,对展览会的情况进行报道和传播,以扩大展览会的知名度和认知范围,吸引更多的目标受众的关注和参与。

展览的宣传推广需要把握展览的形象定位,忠实于展览的个性设计。展览会的宣传推广是一种单向的信息传递,即展览主办方向潜在的参展商和观众传达展览信息,可以传达的展览信息很多,在不同的时间段(展前、展中、展后),针对不同的目标受众,需要传达的展览信息都会有所不同。

第一节　展览形象的设计

"形象"是指人们通过视觉、听觉、触觉、味觉等各种感觉器官在大脑中形成的关于某种事物的整体印象,简而言之就是知觉。因此,形象不是事物本身,而是人们对事物的感知。当企业、产品或服务在社会公众中具有良好形象时,消费者就愿意掏钱购买;反之,消费者则不会购买。就展览而言,展览的形象是指目标受众对展览的整体感觉、印象和认知。尽管形象具有主观性,但是形象是可以通过企业的内部管理和外部公关来建立和塑造的。

一、展览形象的分类

展览形象是展览会状况的综合反映,因此,展览会形象具有综合性,可以从多个方面来剖析展览会的形象。

（一）内在形象和外在形象

人有内在气质和外在容貌、体型之分,展览形象也同样有这种区别。展览内在形象主要指展览理念、展览目标、展览风格、展览企业精神等看不见、摸不着的部分,是展览形象的核心部分。展览外在形象则是指展览的主题、名称、标识、广告、公开活动等看得见、摸得到的部分,是展览内在形象的外在表现。

（二）直接形象和间接形象

公众通过直接接触展览服务、由亲身体验形成的展览形象是直接形象;而通过大众传播媒介或借助他人的亲身体验得到的展览形象是间接形象。直接形象比间接形象更能够决定整个展览的形象。有些展览企业不注重完善展览内容和提升展览服务,而一味地依赖于宣传推广,就是只看到了间接形象而忽视了直接形象的体现。

（三）实态形象和虚态形象

实态形象又可以称为客观形象,指展览实际的观念、行为和物质形态,它是不以人的意志为转移的客观存在。诸如展览的面积、参展商的数量、观众的数量、展览服务质量等,都属于展览的实态形象。虚态形象是指展览通过传播媒体等渠道在展览各类相关者心目中产生的印象,是展览相关者对展览整体的主观印象,它好像我们从镜子中去观察一个物体,得到的是虚像。

（四）正面形象和负面形象

社会公众对展览形象的认同或肯定的部分就是正面形象,抵触或否定的部分就是负面形象。任何企业或产品的形象都是由正反两面构成的,也就是说,展览形象应是一分为二的,公众中任何一个理智的个体都会既看到展览的正面形象,又看到展览的负面形象。对于展览企业来说,一方面要努力扩大正面形象,另一方面又要努力避免或消除负面形象,两方面同等重要,因为往往不是正面形象决定顾客是否购买展览服务,而是负面形象使得顾客拒绝进行购买。

二、展览形象的组成要素

展览形象的要素包括无形要素和有形要素两类。

(一)无形要素

(1)展览的理念。展览的理念是指展览的指导思想或运营哲学,是展览的定位、宗旨、运营方针的总称,它引导着办展思想、员工行为,是展览形象的核心内容。它虽然是无形的,但却无处不在,影响着展览的一切存在,支配着展览的一切运营行为。

(2)展览的声誉。展览的声誉是建立在过去已办展览的优良服务和成果基础上的,是展览理念长期贯彻的结果,是参展商、观众以及其他相关部门对展览的认同和赞赏。声誉本身是摸不着、看不见的,但是它却构成了展览形象的主体。

(3)员工素质。展览的理念要靠员工来贯彻实施,声誉要靠员工的努力来创造。员工素质的好坏决定了理念的实施和声誉的创造。员工的素质包括管理者能力、文化素质、敬业精神、技术水平等。这些东西也是无形的,但直接决定了理念的实施程度。

(二)有形要素

(1)视觉形象。展览的视觉形象是指展览会名称、标志设计、认证等。视觉形象能给参展商和观众最直接的视觉刺激,使展会在客户脑海里留下深刻的印象。

(2)业绩形象。展览的业绩是指展览的规模和盈利水平,它主要由展览面积、参展商数量、观众数量、成交额、展览的盈利比率等指标组成。一般而言,良好的业绩形象会增强客户和投资者对展览的信心。

(3)社会形象。展览的社会形象是指展览通过非盈利的带有公关性质的社会行为而树立的良好形象,以博取社会的认同和好感。包括奉公守法、诚实运营、绿色环保、关心社会公益事业等等。

三、展览的形象设计

展览的形象设计是一个复杂的系统工程,展览企业可以通过导入企业形象识别系统CIS(Corporate Identity System)来设计展览会的形象。展览会形象设计的主要内容包括展会理念识别、展会行为识别、展会视觉识别。

(一)展会理念识别

展会理念识别是确定展会办展理念的基本原则,它对展览的举办具有全局性的指导意义,也是进行展览会形象设计的核心内容。办展理念包括展会定位、展会个性、竞争优势、展会规范、展会发展战略等在内的有关办展的指导思想。展会定位明确展览向参展商和观众提供哪些富有价值的产品和服务;展会个性界定了本展览与其他相似主题的展览会的不同之处;竞争优势是确定本展览会通过什么样的优势向客户提供与众不同的价值;展会规范则规定了办展机构、参展商和观众需要共同遵守的规章制度;展会发展战略则揭示了展览的发

展路径和发展前景。

由于展览理念的重要性,展会理念识别必须得到办展机构高层管理者的认同,一旦展会理念确定下来,办展机构必须从物质和行动上保障展会理念识别的完成。

（二）展会行为识别

展会行为识别是指展会办展行为的对外展示,主要包括展会服务活动、展会营销、展会礼仪、展会工作人员行为、展会现场相关活动等。这些行为识别都是通过展览会工作人员的行动表现出来的,是参展商、观众以及其他展会相关者能够真真切切感受到的展会价值和顾客利益。

展会行为识别是对展会理念识别的具体执行,是将展会理念转化为参展商和顾客看得见、摸得着的具体内容。展会行为识别必须秉承展会理念识别确定的原则,与理念识别保持口径统一、步调一致。

（三）展会视觉识别

展会视觉识别是指通过一种视觉符号、图案、色彩和文字等来展示展会的特征。它主要包括展会的现场布置、展会宣传手册、展会标准色、展会标准字、展会信封和信笺、展会吉祥物、展会广告设计等。

展会视觉识别强调如何将展览内在的、正面的形象传递到目标参展商、观众及其他展览相关者那里,因此,它在设计上特别强调目标性、视辨性、美观性和合法性。目标性是指展会视觉识别不能脱离展会的理念定位,要能准确地传播展览的定位、个性和价值;视辨性是指展会的视觉识别要能被公众理解,要能显示展览的个性;美观性是指展会的视觉识别不仅在工程上要具有可行性和经济性,还要符合审美的要求,带有美感;合法性是指展会视觉识别使用的符号、图案等要遵守法规,符合办展当地的风俗习惯,不触犯禁忌。

展览完成形象设计之后,需要制作展览形象手册,用简洁、正确的图表来说明展览会品牌形象的企图与概念,统一整体展览形象,贯彻设计表现精神,并作为所有相关设计的原则。它也是展览宣传推广的基础。

第二节　展览宣传推广的特点

一、展览宣传推广的要点

展览会的宣传推广是展览组织工作中的重要内容,对招揽参展商和观众发挥着举足轻重的作用。展览会的宣传推广应该把握展览的形象定位,忠于展览的个性设计;还需要明确对象,准备恰当的宣传内容,选择有效的宣传方式,真正做到有的放矢,讲究实效。

（一）忠于展览的形象定位

在激烈竞争的展览业,几乎所有的展览项目为了争取参展商和观众,都会采取多种多样的宣传推广手段。但是,由于现代社会中广告、公共关系活动数量暴增,它们对公众的影响力就相对减弱了。再加上繁多的企业或项目的形象宣传,使得公众很难在眼花缭乱的信息中认出某一企业或项目。因此,在这种情况下,企业或项目在宣传推广前就需要明确其独特的形象定位,在宣传推广时忠实于其形象定位,只有这样,才能使企业或项目的形象信息深入人心,并在顾客心目中扎根,否则,宣传推广很难取得满意的效果。

（二）明确宣传推广的对象

宣传推广的对象主要包括参展商和观众,所以宣传推广可分为两类,一类是针对参展商的宣传推广,另一类是针对观众的宣传推广。对于每一类宣传推广的对象还需要进行进一步的细分,细分的标准包括其在产业链中的位置,所属企业的类别、规模、地域,以及人口统计和社会心理特征等等。通过对宣传推广对象的细分,可以区分出宣传推广的首要目标受众、次级目标受众。明确宣传推广的对象非常重要,如果宣传推广受众的定位太大,会浪费资金;而宣传推广受众的定位太小,会影响宣传目标的实现。

（三）确定宣传推广的内容

针对不同的宣传对象,组展方需要确定向目标受众传递什么样的信息,一般包括展览的基本信息,如时间、地点、内容、规模等,还包括展览的理念、优势和特点等等。展览宣传推广的目的是引起目标参展商和观众的注意,并激发他们的参展兴趣。因此,展览宣传推广的内容必须具有相关性、个性化,且容易记忆。

（四）制作宣传推广资料

宣传推广资料是组展商向目标受众传递展览信息的载体,是展览会宣传推广的重要工具。宣传推广资料的形式有展期新闻、专题报道、软性文章、直邮宣传、路牌广告等等。任何宣传资料在设计和制作时都应该做到简明扼要、美观大方、用语规范。国际性的展会,需要将宣传资料准确地翻译成外文。

（五）选择宣传推广的渠道

组展商在确定了宣传推广的对象和内容,并准备好宣传推广的资料以后,接下来就是选择宣传推广的渠道,将展览信息传递给目标受众。组展商应该拓宽宣传推广的渠道,通过电视、报纸、户外广告、网络、数据业务平台等各种渠道,及时地发布真实和丰富的展会信息。不过,任何一种宣传推广渠道都是需要付出成本的,组展商需要仔细考虑各种媒体的优缺点,取长补短,组合使用,节约成本。

（六）进行资金预算

在确定宣传推广的目标之后,需要确定为了达到该目标所需要的资金预算。从国际普遍做法来看,会展活动举办方一般会将会展预期收入的10%—20%拿出来作为会展宣传的资金投入。

（七）评估宣传推广的效果

对宣传推广效果的评估,归纳起来有两种标准,即量化标准和反馈标准。量化标准就是通过统计的方法,对宣传推广资料的发放、宣传的场次及受众的人次等用数字反映出来;而反馈标准是指通过收集宣传推广对象的反馈信息,采取综合评估的方法来验证宣传推广的实际效果。

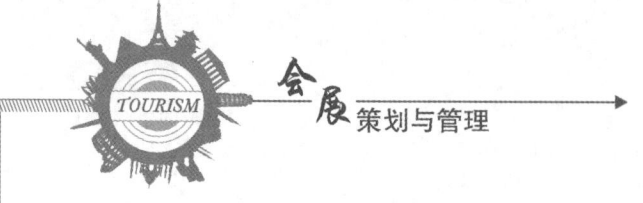

二、展览宣传推广的类型

(一)显露型宣传推广

此类宣传推广以迅速提高会展的知名度为主要目的,宣传推广的重点是会展的名称、办展的时间和地点等信息,所以,宣传的信息最好简单明了,便于记忆。这种宣传推广手段多在展览宣传初期使用。

(二)形象型宣传推广

此类宣传推广的主要目的是扩大会展的社会影响,建立会展的良好形象。宣传推广的重点是追求目标受众对所策划的会展活动的定位及形象的认同,并通过积极与他们建立情感连接,增加他们对展览的信任和忠诚。

(三)认知型宣传推广

此类宣传推广主要目的是使受众全面深入地了解会展,并增加其对所策划的会展活动的认知度,宣传推广的重点是会展的特点、优势等内容。这种宣传推广多在目标客户对本展会已经有了一些初步了解之后,做出进一步的招展和招商时实施。

(四)促销型宣传推广

此类宣传推广的主要目的是在短期内推动会展的销售或者招揽更多的客户。因此,宣传推广策划的重点是潜在客户关心的主要问题。

(五)竞争型宣传推广

此类宣传推广的主要目的是与竞争对手展开竞争或进行防御。因此,在宣传推广策划时宜拟订与竞争对手针锋相对的措施,是一种针对性很强的宣传推广活动。

三、展览宣传推广的阶段

(一)展览前的宣传推广

在筹备的最初阶段,宣传推广的重点主要是提示性宣传,介绍展会的时间、地点、范围、规模等基本内容。

在筹备的前期,宣传推广的目的主要是促进招展,宣传的内容包括展览的理念、主题、历届成果、行业评价等等。

招展任务基本完成后,宣传推广的目的是招揽专业观众,宣传的内容主要是展览的特色与定位、活动内容、服务接待等等。

在筹备的后期,展前宣传工作进入收尾阶段,宣传的重点转向普通观众。

(二)展览期间的宣传推广

展会期间的宣传推广重点是促使参展商和观众获取更大的经济效益,宣传活动就集中于展会的新闻报道,充分利用各种传播渠道,对展览情况进行追踪报道,吸引公众的关注,扩大展览的影响,挖掘更多的展览资源。

(三)展览后的宣传推广

展览结束了,但是展览的宣传推广并没有结束,在展后阶段,宣传推广的重点转为配合展后跟进工作,即通报展览的效果,对会展活动的评估工作进行相关报道,让广大观众了解本次展会的盛况,也为下次展览的宣传推广作准备。

第三节　展览宣传推广的方式与手段

一、展览宣传推广方式的分类

展览宣传推广的方式可以分为人员宣传、媒介宣传与公关宣传三类,每一类又包括多种具体的宣传推广手段。

(一)人员宣传推广

人员宣传推广是指展览企业利用自己的专职或兼职营销人员直接向目标客户联络,告知展览情况,邀请其参加展览,从而实现宣传推广的目的。具体的推广方式有打电话、发函、发电子邮件、发短信、登门拜访等。人员宣传推广是一种很直接的宣传推广方式,和目标客户直接联络可能会最有效地实现宣传推广的目的,但是,由于目标客户名单出现遗漏或不准确,就会降低人员宣传推广的效果。

(二)媒介宣传推广

媒介宣传推广是宣传推广的重要方式,目前可使用的媒介有传统的报纸、杂志、电视、广播、户外广告等,还有网络传媒、社交平台等等。媒介宣传推广的覆盖面最广,范围包括已知的和未知的所有目标客户,可以将展览情况传达给人员宣传推广所遗漏的客户,还可以加强直接人员联络的效果。

不同的媒介由于使用不同的传播手段,导致了媒介在时效性、持久性、受众参与媒介程度等的表现不同。从时效性上看,电视、网络是时效性较强的媒介,它们以传播信息为主;而报纸、杂志等时效性较弱的媒介则擅长报道展览新闻的详细细节。从持久性上看,媒介的持久性是指信息不被覆盖可保存时间的长度,持久性强的媒介,如报纸、杂志,适合进行事件的深度剖析和评论;而持久性较弱的媒介,如广播、网络,则可用来承担告知的功能。从受众参与媒介程度上看,在传统媒介里,受众都是单方面接收信息;而在新兴媒介中,如网络、社交媒体,受众可以通过留言、点赞、转发等方式一定程度地参与媒介的传播活动。

(三)公关宣传推广

公关宣传推广是指组展商通过策划和组织一些公众事件,或者发展和建立良好的公共关系来达到展览宣传推广的目的。常见的公关宣传推广手段包括新闻发布会、公益赞助、路演、与相关机构联合促销等等。公关宣传推广是人员宣传推广和媒介宣传推广的重要补充。以新闻发布会为例,新闻发布会不像直接的人员推销和"露骨"的媒介广告那样销售展览服务,而是以发布新闻和记者专访的方式来宣传推广展览,有助于提高展览的可信度。另外,与相关机构建立良好关系共同促销的方式更是展览宣传推广必须利用的,比如和行业协会、政府有关部门、驻外使馆的合作,一定程度能够加强展览宣传推广的效果。

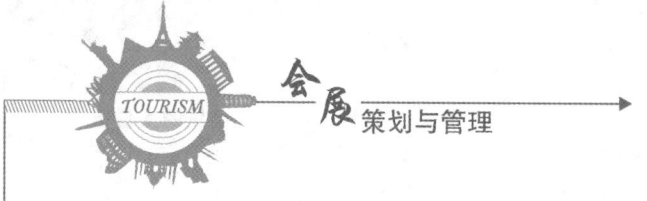

二、展览宣传推广的手段

展览的宣传推广不能仅使用一种宣传推广手段,而是充分考虑各种宣传手段的优缺点,选择几种手段取长补短,组合成一个合理的宣传推广组合来具体执行。

(一)广告

广告是展览会宣传推广的重要手段,它是通过广告媒介向消费者传播商品或服务信息的手段。广告进行的传播活动是带有说服性的,广告需要通过媒介来传播,这个传播活动是需要付费的。

广告传播的构成要素有广告主、广告公司、广告媒介、广告信息、广告思想和技巧以及广告受众。

广告的媒介主要包括:利用报纸、期刊、图书、名录等刊登广告;利用广播、电视、电影等播映广告;利用街道、广场、机场、车站、码头等的建筑物或空间设置路牌、霓虹灯、电子显示牌、橱窗、灯箱、墙壁等刊登广告;利用商场、宾馆、饭店、游乐场等场所内外设置或张贴广告;利用车、船、飞机等交通工具设置或张贴广告。

(二)新闻宣传

新闻宣传是指借助新闻报道的形式进行宣传活动,以达到宣传目的。新闻与宣传是两种不同的形式,新闻以报道事实、传播事实为主;宣传则以扩散观点、态度,授人以理为主。严格说来,新闻并不排斥观点,甚至在大多数情况下通过事实表达某种意见。宣传向受众传播观点往往要借助事实,有时甚至直接用事实来进行暗示。新闻与宣传在运用事实方面具有共性,又在如何使用事实及运用事实的程度上有差异。

新闻宣传贯穿于展览会的全过程,展前的新闻宣传主要是报告展览会的亮点、特色、主题、规模等等;展览期间的新闻宣传是全方位地反映展览现场的动态信息、相关活动等等;展后的新闻宣传是介绍展览的成果、参展商和观众的收获、展望未来发展等内容。

(三)利用有关机构

虽然展览会的主办方在展览会的宣传推广中居于中心地位,但是,为了达到更加理想的推广效果,展览会组织者要借力和调动外界相关机构,与他们合作进行联合促销。可以发挥力量帮助展览主办方进行宣传推广的机构如下。

1. 行业协会

行业协会在行业中有重要的影响和强大的号召力,了解本行业的发展趋势和热点问题,拥有独特的宣传推广手段和技巧。

2. 专业报纸杂志

行业内的专业报纸杂志在本行业有一定的影响,和行业内的企业有着比较广泛的联系,也有一批熟悉的客户,可以成为展览宣传推广的有力推手。

3. 行业知名企业

行业知名企业在行业里有一定的号召力,它们的参展对其他企业有很好的示范性,会带动一批企业参展,它们可以助力展览的宣传推广工作。

4. 政府有关部门

尽管政府部门正在逐渐淡出经济事务,但政府的行业主管部门对行业的影响仍然很大,与其合作进行宣传推广能够有效提高宣传推广效果。

5. 国际组织

一些相关的国际组织具有一定的权威性,在国际上有较强的号召力,与它们合作往往能产生很好的宣传推广效果。

6. 国内外著名展览机构

国内外著名展览机构具有一定的知名度和可信度,并且拥有自己的客户群,通过这些著名展览机构帮助宣传会展,可有效地吸引参展商和观众。

7. 各种招展代理

招展代理是与办展机构紧密合作的专门的招展单位,适当地发展招展代理,利用招展代理进行展览的宣传推广会产生良好的效果。

8. 国内外同类会展

由于距离较远和会展定位不同,不同国家、不同地区举办的会展,彼此之间的竞争力可能并不是很强。我们可以和国内外同类会展合作,在各自的会展上宣传推广对方的展览,或采取其他合作方式争取彼此合作、营销互赢。

9. 外国驻华机构

外国驻华使馆和领事馆以及其他机构,如贸易代表处、办事处等,它们不仅对该国比较熟悉,联系方便,而且对所在国也很了解,它们向该国企业宣传推广的展览一般能取得该国企业的信任。

10. 网站

网站是一个较好的合作宣传伙伴。办展机构可以根据自身展览的特点,选择合适的网站作为合作伙伴进行展览的宣传推广。

(四)利用互联网

随着互联网的迅速普及,越来越多的企业经营管理人员通过网络获取市场信息和了解市场动态,展览的宣传推广应该大力利用互联网的力量进行宣传推广。

1. 建立官方网站

有很多知名的展览公司都拥有自己的官方网站,有的也会为其运营的单个展览会建立官方网站,这些官方网站为展览业务的开展发挥了重要作用。有效的内容是吸引客户浏览官网的重要因素,因此展览公司应该在展览会官网上发布有关展览的全面细致、及时准确的信息。展览官方网站不仅起到宣传推广的作用,还能够为展览计划的实施提供强大的支持,比如展位预订、观众在线登记、客服咨询等等。

2. 利用社交媒体

社交媒体(微博、微信等)最大的优势是具有很强的交互能力,利用社交媒体进行展览的宣传推广的最大优势是,展览主办方通过和客户的互动,了解客户需求、与客户建立情感关系、调动客户投入活动中去。

3. "病毒"营销

这里的"病毒"不是指传播恶意的病毒,而是指发布有用、新奇、有趣、好玩且与展览相关的信息,使目标客户主动进行传播,借助口碑的力量,通过人际网络,让信息像病毒那样扩散,从而实现展览信息快速传播的目的。首先,要创建有吸引力、易于传播,且能与展览有效结合起来的"病毒";其次,找到易感染的目标人群,找到传播"病毒"的高效媒体(如大的社区、论坛等),通过其把"病毒"传递给更多的目标受众。

4. 租用电子邮件地址数据库

展览组织者要想在尽可能短的时间内尽可能广地进行信息传播,可以考虑从拥有数据库的公司租用电子邮件数据库地址,如果此数据是最新的并且符合展览会需要的,组织者会获得一个很大的客户源,通过向庞大的客户源发送电子邮件进行展览的宣传推广。这个做法是目的性很强、有效性很高的展览宣传推广办法。

5. 交换链接

交换链接,也称为友情链接、互惠链接、互换链接等,是具有一定资源互补优势的网站之间的简单合作形式,即分别在自己的网站上放置对方网站的LOGO或网站名称,并设置对方网站的超级链接,使得用户可以从合作网站中发现自己的网站,达到互相推广的目的。展览会的交换链接就是指与展览有直接或间接关系的公司网站、个人交换网站交换链接。拥有展览会的网站链接的网站越多,展览会的信息发布面就越广。

6. 网络软文

一篇很好的文章很可能拥有数以万计的浏览量,而在文章中附带一些商业信息,比如展览会的名字,便对该展览进行了一次很好的宣传和推广。软性文章属于一种隐形广告,可信度高,容易被受众接受。

 **本章小结**

展览的宣传推广需要把握展览的形象定位。尽管展览的形象具有主观性,但是展览形象是可以通过企业内部管理和外部公关来塑造的。展览的形象设计包括展会理念设计、展会行为设计、展会视觉设计三方面内容。

展览的宣传推广除了忠实于展览的形象定位,还需要明确宣传推广的对象、确定宣传推广的内容、制作宣传推广的资料、选择宣传推广的渠道、进行资金预算、评估宣传推广的效果。在展前、展中和展后不同的阶段,展览的宣传推广具有不同的特点。

展览宣传推广的方式可以分为人员宣传、媒介宣传与公关宣传三类,每一类又包括多种具体的宣传推广手段。

 **关键概念**

展览的形象设计　展览的宣传推广　企业形象识别系统　展览的理念识别

复习思考题

1. 如何利用企业形象识别系统(CIS)进行展览的形象设计?

2. 在展前、展中和展后三个不同的阶段,展览的宣传推广具有什么不同的特点?

3. 如何利用有关机构进行展览的宣传推广?

4. 如何利用网络进行展览的宣传推广?

第五章

招展策划与管理

学习目标

- 认识目标参展商的各种特征。
- 掌握招展的基本流程。
- 了解招展代理的选择与管理。

案例引导

　　美国的展览业研究中心(CEIR)面向参展企业的高层管理人员做了一个调查,调查他们对参展营销渠道的选择、对当期和未来影响参展的关键问题的看法,然后出具了调查报告《2016 年展览环境的变化》。该报告指出,有 40% 的企业营销人员参加的展览数量比几年前更多,57% 的参展商表示未来他们将保持目前的参展数量,而 24% 的参展商将增加参展的数量。调查报告进一步得出以下结论。

　　(1)参展商的主要营销目标。在接受调查的参展商中,前四大营销目标包括:建立或扩大品牌知名度(80%)、强化品牌认知(65%)、针对商业部门促销(59%)、新产品或服务促销(56%)。

　　(2)营销目标的实现情况。在接受调查的参展商中,87% 表示展览会为新产品发布带来价值,90% 表示展览会增强品牌知名度。

　　(3)参展商的主要销售目标。参展商的三大销售目标为:与客户联络以及进行关系管理(76%)、与关键客户和潜在客户进行关系管理(64%)、产生销售线索(64%)。

　　(4)销售目标实现情况。超过四分之三(77%)的参展商表示,展览有利于与客户的联络以及关系管理,而 87% 的参展商表示展览促进了与关键客户和潜在客户的互动及关系管理。

招展是指会展企业招揽企业参加展览会的一系列行动,是举办展览会的基础工作之一。招展的对象是参展商,招展其实就是针对参展商的一个推销展览、出售展位的过程。

第一节　了解参展商

了解参展商是招展工作的基础,展览组织方应该通过多种渠道从多个层面来了解参展商,包括参展商的参展目的、影响参展商参展决策的依据、参展商的绩效评估角度等等。

一、企业参展目的

一般认为,展览是参展商展示产品和技术的平台,参展商通过展示吸引目标观众,捕捉销售线索并最终实现交易。同时,展览还创造了参展商与同行交流信息获取咨询的场所;参展商还利用展览机会进行客户关系管理,维护公共关系。实际上,随着展览的功能越来越完善,企业的参展目的也越来越丰富。包括结识新客户,开拓新市场,树立、维护公司形象,对潜在客户进行有效信息传递,使顾客确信公司的雄厚实力,推广新产品,拿订单,获取产业最新动态和信息等。

二、影响企业参展决策的因素

展览业竞争激烈,很少出现一个题材的展览仅一个的状况,同题材的展览展开激烈竞争是比较普遍的现象。组展企业需要了解参展商在多个展览项目中做出选择和决策的依据是什么,即企业参展的决策因素。组展企业只有了解了参展商的参展决策依据,才能更好地提供针对性的信息或服务,以获得参展商的青睐。通常影响企业参展决策的因素有主办单位的声誉、通达便利的交通、展览会举办的区域是否辐射公司目标市场、主办单位的推广力度、展览会的明确定位、展览近几年专业观众的数量和质量、举办地的安全、展览的位置、展览举办的时间、展览近几年参展商的数量等。

三、参展商对参展绩效的评估

企业参展会投入较多的财力、人力和物力,因此,在展览结束后参展商会对参展绩效进行评估,判断参展决策是否正确,以及未来是否继续参展。通常企业评价参展绩效的基本思路是:确定参展目标,通过评价参展目标的实现情况来评价参展绩效。常用的参展绩效评价指标有获取新客户线索,现场取得订单合同,对老客户进行销售,购买意向,客户满意度调查,观众展位停留时间,展览现场密度,观众记忆度,品牌宣传度,竞争对手、行业趋势信息收集。

四、参展商的参展行为特点

(1)参展需求与企业规模的关系。小型企业由于实力局限,对参展费用较为敏感;大型企业的市场地位稳固,通常只选择参加品牌展会,因此,中小型企业往往参展需求最为旺盛,

是展览招展的主要对象。

（2）参展需求与企业开办时间的关系。处于提升发展的企业参展需求明显高于处于成长初始阶段或成熟稳定阶段的企业，这是由于处于提升发展阶段的企业产品正迅速被市场接受，因而具有较高的参展愿望。

（3）参展需求与企业经营性质的关系。制造商是专业展览的参展商主体，他们的参展需求最旺盛；代理商的参展需求较弱，参展不是他们最主要的营销手段；还有少量的研发、媒体等其他参展主体。

（4）参展需求与企业产品特性的关系。技术复杂程度高的产品，往往会通过展览的实物展示和技术演示，消除技术障碍；价格高的产品，也会选择参展让客户货比三家，消除客户的未知感，缩短决策过程；非常规性产品，会选择参加专业性展览来识别目标客户，通过现场演示进行面对面沟通；购买频率较高的产品，由于产品更新快，容易形成积压，因此信息的及时传递非常重要，展览是一个很好的接触客户、快速收集和传递信息的场所；中间品、半成品、广告效应不强的产品，展览会通过现场的产品演示和解说能够强化客户对产品和品牌的认知；产品市场集中度不高的产品，这类产品生产企业数量多，品牌多元化，通过展览会同台竞技是既残酷又有效的营销方法。

第二节　招展的流程

招展的流程包括收集潜在的客户名单、研究潜在客户、联络潜在客户、接近客户、评估客户需求、介绍展览、处理异议、达成交易。

一、收集潜在的客户名单

招展的第一步是获取客户名单，招展人员所拥有的客户名单越多越有利于招展工作的完成。收集客户名单的途径有以下几种。

（1）客户推荐。许多招展人员最重要的客户线索来源是现有的客户。

（2）公司内部资源。

（3）外部机构推荐。从外部代理机构购买线索。

（4）出版的地址名录。从协会、电话黄页、网络上获得。

（5）招展人员的网络。从同行的组织、聚会上获得。

（6）陌生拜访。成本最高，只对小部分展览适用。

二、研究潜在客户

在联络客户之前，需要了解客户的基本情况（如产品、规模、地址）、参展习惯、展出决策人员等基本信息。招展人员要通过网络、报刊、行业名录等获取信息来研究潜在客户。展览企业通常将客户信息录入数据库，客户信息数据库是会展企业最重要的信息资源。

三、联络潜在客户

联络客户的方式主要有打电话、发电子邮件、上门推销或第三方引荐。联络潜在客户的目的是获得进一步接触客户的机会。

四、接近客户

在联络客户获得接近客户机会后,招展人员要尽量引起客户的注意。常用策略有:推荐人推荐,通过对方认识的第三者推荐,是接近客户、获得客户信任的有效办法;提供利益策略,招展人员说明展览的优势,明确展览会给客户带来的好处,是提起客户兴趣、吸引客户参展的好办法;达成共识策略,招展人员通过前期调查掌握客户需求,然后在招展过程中从提问开始,确认需求的存在,而展览正好可以满足客户的这种需求,这样就容易达成参展共识。

五、评估客户需求

吸引客户参展的关键是,展览能够满足客户的需求。有些时候,客户并没有意识到自己的展览需求或者展览需求比较模糊,导致无法立即做出参展决定。招展人员和客户一起分析、发现、讨论客户的参展需求。

六、介绍展览

招展人员就展览特色、优势和利益对客户进行介绍。满足客户需要是这一步中的重点。大多数介绍时以口头介绍为主,要利用文本资料、可视材料作为补充。展览介绍的目标是使客户相信其展览能够满足客户需求,并且比竞争者的展览更有优势。

七、处理异议

招展人员在对客户推销展览时,通常不会立即成交,会遇到客户的抵触,这就是客户的异议。招展人员需要识别异议,处理异议。

客户异议包括三类:①真实的异议,即客户的习惯性反对、逃避决策而反对、需求不清、期望更多的信息、利益不显著;②假的异议,即客户无需求、无权购买、资金困难;③隐藏异议,不提出真的异议而是用假的异议营造隐藏异议解决的有利局面,如对服务提出异议,达到降低价格的目的。

面对客户提出的异议,招展人员应该用以下几种态度对待:①异议是宣泄客户内心想法的最好指标;②异议经过处理能缩短订单的距离,但是经过争论会扩大订单的距离;③没有异议的客户才是最难处理的客户;④异议表示给客户的利益仍然不能满足客户。招展人员处理客户异议的步骤应该为:缓冲、聆听、探寻、答复。

八、达成交易

在确定参展后,会展企业与参展商之间应签订书面的协议或合同。合同大多由会展企业起草制定,因此约束参展商的条款往往多于约束参展企业的条款。

目标参展商数据库是指将所有目标参展商的有关信息按照一定的规则而建立的数据库。目标参展商数据库是以后招展工作中目标客户的重要来源,建立好目标参展商数据库,对以后的招展工作有很大的帮助。在建立这个数据库时必须遵循以下基本原则。

1.数据库要有一定的数据量

参展商数据库所包含的数据量要尽量多,这是对目标参展商数据库最基本的要求。

2.分类科学合理

对数据库各条数据进行科学而符合招展分类要求的分类十分重要,如果分类不当,数据检索的结果也会不好,检索不好就会影响到招展工作的顺利进行。

3.数据真实可靠

在建立数据库时,不仅要尽量使数据库的数据量足够多,而且还要使各条数据所包含的基本信息真实、准确和完整,只有这样的数据库才更实用。

4.便于查找和检索

数据库建立起来以后,由于招展工作的需要,招展人员会在不同的时间对数据库所包含的企业信息进行多方检索和查找,所以,数据库必须支持这样的检索。

5.可以及时修改

随着以后招展工作的推进,工作人员可能会对数据库的信息进行各种必要的删减增补,或者进行局部的分类调整等。数据库必须方便用于数据的修改,并且不会损害数据库其他数据的安全。

6.其他要求

数据库的用户界面要友好、简洁、一目了然;数据库要适合在局域网上使用,支持多用户同时使用;对数据库基本的修改要有一定的权限限制,不能人人都可以对数据库的数据加以修改。

第三节　展览的价格确定

在招展工作中,组展企业需要将展览场地划分为不同的展区和展位,并为每一个展位制定出合适的价格向参展商销售。

一、展区与展位的划分

划分展区与展位是招展工作中的一项基础工作,也是展览价格制定的前提。展区的划分一般是按照展品的类别,展位的划分则主要依据展览场地的特征来确定。展区与展位的划分需要遵循的原则如下。

(一)以展览题材为依据

展区的划分以题材为依据,首先是将同类展品安排在同一个区域内展出,其次再根据题材的特点安排具体位置和确定展览面积,因为不同的展品可能对空间、地面承重等有不同的要求。

(二)以提高参展商的展出效果为中心

展区和展位的划分既要符合展览题材的特点,又要考虑到参展商对展位的搭装效果,还要考虑到布局能方便观众参观,这样才能提高参展商的展出效果。

(三)要以利于观众参观展览为目的

展览的目的是让更多的观众参观、比较、洽谈,因此展区和展位的划分,要使对某类展品感兴趣的观众能够很方便地找到展出该类展品的所有展位,与该类展品有关联的产品也能在邻近的展区里找到。

(四)要有利于展览现场的管理和服务

展区和展位的划分要注意对展览场地的充分利用,最好不要出现闲置的展览死角;要合理安排功能服务区域,如登记处、洽谈区、休息区、新闻中心等等;要注意展馆的消防安全,便于遇到紧急情况时及时疏散人群;要方便展位的搭装和拆卸,方便展品的进馆和出馆。

(五)要有利于提高展览会的档次

展区和展位的划分直接影响到参展商和观众对展会的印象,如果展会里的标准展位和特装展位的分布杂乱无章,各种展品的展位互相混杂,即使展览的规模很大,也会被认为档次不高。因此,展区和展位的划分要合理、专业,给人产生好的印象,有利于提高展览会的档次。

二、影响展览价格制定的因素

展览的价格包括展位、广告、赞助、门票等一系列价格,本节仅以展位价格为例,来讲述展览主办方在价格制定时需要考虑的因素和常用的技巧。总的来说,展览价格的制定与一般产品的定价相似,受以下因素的影响。

(一)企业状况

企业状况是指企业的经营管理水平对产品或服务成本的影响,从而影响价格的制定,包括企业的采购渠道、企业的规模与实力、企业营销能力等等。企业的经营管理水平高,提供产品或服务的成本就低,企业就有能力制定较低的价格。

(二)产品(服务)的特点

服务的容量、季节性特征、产品的易腐或易毁情况、储存成本、时尚性、生命周期等等都

53

会影响价格的制定。

（三）市场需求

根据经济学的需求规律,价格和需求呈负相关关系。企业的收益由需求量和价格共同决定,所以,需求是价格制定必须考虑的重要因素。

（四）市场竞争状况

在不同竞争条件下企业的定价自由度有所不同,比如,在完全竞争市场上,企业是市场价格的接受者,缺乏价格制定的主动权,而在垄断市场上,垄断企业是市场价格的制定者。

（五）政府的干预程度

政府的干预市场程度也直接影响企业的价格决策。比如政府对展览的财政补贴、税收优惠政策,以及对展览垃圾处理的管制等等都会影响展览价格的制定。

三、展览价格的特征

（一）差别价

差别价是指企业用两种或多种价格销售一个产品或一项服务,尽管价格差异并不是以成本差异为基础得出的。展览的差别定价表现如下。

1. 不同客户价格不同(见表 5-1)

表 5-1　国内外客户的展览价格

展台类型	展台规格	国内客户	国外客户
标准展台	3 米×3 米	4000 元	800 美元
特装光地	36 平方米起租	800 元/9 平方米	60 美元/9 平方米

2. 不同时间价格不同(见表 5-2)

表 5-2　不同时间的展览价格

优惠条件	优惠措施
2018 年 12 月 31 日前参展	惠赠免费会刊彩色广告 1 页或原展位价格优惠 15％
2019 年 3 月 30 日前参展	原展位价格优惠 10％

3. 不同位置价格不同(见表 5-3)

表 5-3　不同位置的展览价格

区域/类别	特装展位价格	标准展位价格(3 米×3 米)
优越区(显要位置)	2000 元/平方米	23000 元/9 平方米
普通区	1400 元/平方米	17000 元/9 平方米
国内区	880 元/平方米	8800 元/9 平方米

（二）折扣价

折扣价是指在原价基础上进行打折后的一个价格,它是商家常用的促销手段。展览的折扣价表现如下。

1. 单次认购达到一定面积后折扣（见表5-4）

表 5-4 单次认购达到一定面积后的折扣表现

折扣额度	折扣条件
5%	展位面积在 48 平方米至 100 平方米
10%	展位面积超过 100 平方米

2. 团体认购达到一定面积后折扣（见表5-5）

表 5-5 团体认购达到一定面积后的折扣表现

展馆	摊位	租金	面积折扣
3 号馆	标摊/9 平方米	16200 元	3—6 个展位:9 折 7 个展位或以上:8 折
	空地/平方米	1700 元	
4 号馆	标摊/9 平方米	6800 元	
	空地/平方米	715 元	

四、制定展位价格时应注意的问题

展览企业应避免在招展过程中出现价格混乱的现象,无论何种原因所引发的展览招展价格混乱现象,对当届展览和展览品牌的长远发展,都会产生消极影响。展览企业制定展位价格时需要注意以下几个方面。

（一）严格执行价格体系

展览的价格体系包括各种展位价格标准以及折扣条件,价格体系一旦确定,所有营销人员都应该严格遵守执行,不能因为要吸引某些企业参展而破坏价格体系。因为混乱的价格标准及折扣条件会产生价格不公平,引发参展商的不满,情况严重时,会出现客户流失、退展、罢展,最终损害展览的生存和发展。

（二）加强对招展代理的价格管理

招展代理的佣金一般是根据其销售的参展面积来确定的,招展面积越多,所得到的佣金也就越多。所以,在展览市场经常会出现招展代理为了获取更多的佣金,往往不顾展览组织机构所制定的价格执行标准,低价销售展位,从而引发展览招展价格体系的混乱。为了避免出现这种情况,要对招展代理的招展价格实施严格管理与监督,杜绝破坏展览价格标准的低价销售行为。

（三）避免在招展末期低价倾销展位

有些展览可能展位销售不尽人意,甚至在展览开幕前尚有相当部分展位未销售。这时部分小型展览企业往往会急于回笼资金,而不顾展览的价格标准,将展位大幅度降价出售。从展览品牌长远发展的角度分析,随意倾销展位,无论对下届展览的招展,还是对展览组织者的形象都会产生非常不利的影响。因此,在招展之前,展览组织者应有所准备并能采取有效措施防止类似情况发生。

（四）严格控制折扣价格的适用范围

展览价格折扣的适用范围有时候较难把握，而一旦把握不准就会引起价格混乱。在执行价格折扣时，折扣的标准不宜太多，最好不要超过三个，各种折扣的标准划分要非常明确，不能含糊。在执行价格折扣时，可以将适用该标准的企业的名单列出，并明确能给予的折扣范围，这样就可以避免执行折扣时可能引起的价格混乱。

第四节 招展代理

使用招展代理是展览企业借用外部力量来做好招展业务的一种有效手段。它可以扩大展览企业的业务网络，提升招展业务的成果或效率。

一、招展代理的种类

（一）独家代理和多家代理

独家代理是指展览企业授予代理商在某一地区或行业的独家招展权，这一地区或行业的招展事务由其独家负责。多家代理是指展览企业在某一地区或行业同时委托几家招展代理机构，代理商之间并无代理区域划分，都为展览企业招展。

（二）总代理和分代理

总代理商也被称为一级代理商，分代理商则为二级或三级代理商。大多数分代理商由总代理商选择，也有由展览企业直接指定分代理商的情况，分代理商受总代理商的指挥。总代理商接受展览企业委托处理某一区域或行业的招展事务，总代理商通常是该区域或行业的独家代理。

（三）买断代理和佣金代理

这是按照代理商是否承担展位的销售风险来划分的。买断代理商相当于是"经销"，就是买下展位，自行定价，自行销售，也就自负盈亏。佣金代理是代理商不买下展位，只是按照展览企业所制定的价格，以展览企业的名义销售展位，收入归展览企业所有，代理商抽取一定比例的佣金作为报酬。显然，买断代理承担的销售风险更大。

二、招展代理的选择

代理商的选择是展览企业招展决策中的重要环节，代理商的专业素质高低决定了招展代理业务能否顺利进行，也决定了展览企业能否完成招展目标。

（一）选择招展代理商的标准

选择招展代理商需要考察潜在代理商的背景，评估其实力，通常选择代理商时应该考虑以下事项。

（1）代理商的品德。

（2）代理商的规模。

（3）代理商的经营项目。

（4）代理商的招展网络。

（5）代理商的业务拓展能力。

（6）代理商的财务能力。

（7）代理商的营业地址。

（8）代理商的政治、社会影响力。

（9）同行业对代理商的评价。

（二）招展代理商的主要来源

通过对潜在代理商的资质考察，只有符合条件的机构才能被确定为招展代理，可能成为招展代理的机构有如下几种。

（1）专业公司。

（2）协会和商会。

（3）相关媒体。

（4）国外驻华机构。

（5）驻外贸易代表处。

三、对招展代理的管理

组展商在选择好招展代理商以后，需要与代理商签订代理协议，在协议中明确规定双方的权利和责任。在代理关系中有几个要点需要明确：①确定代理是否对产品所有权的占有；②确定代理的获利方式，是佣金或差价；③确定代理是否承担仓储风险；④确定代理参与营销渠道的程度；⑤确定代理是否参与资金流的活动。

组展商除了通过代理协议这个法律手段来管理代理商的行为外，还需要辅以其他管理措施来激励和约束代理商的行为，这些管理措施包括以下几种。

（一）建立代理商的定期书面报告制度

为了及时了解代理商的工作进度以及招展过程中遇到的困难和问题，通常情况下，组展商会要求代理商每隔一段时间向组展商提交书面工作报告。报告的内容主要包括代理商招展工作的开展情况，代理商负责区域的目标参展商对展览会以及组展商的意见和要求等。组展商通过整理、分析和综合各代理商提交的工作报告，能够从总体上把握展览会的招展进程，并对招展过程中出现的问题做出及时的反应。

（二）严格落实代理商招展权限和价格制度

在实践中，组展商在委托代理商销售展位时容易出现一些问题，包括代理商突破代理区域划分，跨区域招展；代理商无视组展商价格体系，私自打折或收取额外费用；代理商在销售展位时，对展位划分控制不严，造成展位分配的混乱。无论上述哪种违规行为都可能给组展商带来招展麻烦，并影响组展商的声誉。所以，组展商应加强对代理商招展权限的管理，严格维持统一的价格体系。

（三）加强资金管理，防止资金流失

由招展代理商来销售展位时，大多数情况下是让客户将资金汇入组展商指定的账户，但

是有些情况下,组展商也可能委托代理商直接向客户收缴展位费,并在约定的时间内将资金转给组展商。由于货币资金非常重要也很容易出错,无论采取什么样的收款方式,组展商都应该加强资金的管理,防止资金流失。

（四）构建代理商绩效评价体系,客观评估代理商的表现

组展商需要建立一套客观的对代理商的绩效评价体系,客观评估代理商的招展表现,并对代理商进行嘉奖或惩罚。具体的绩效评价指标包括销售面积、销售额、违规频率等等,组展商应该从展览会的整体利益出发,从过程和结果两个方面来考核代理商的绩效表现。组展商应该根据考核结果对代理商进行嘉奖、惩罚或调整。

（五）组展商配合代理商招展需要,进行展览的宣传促销

展览的宣传推广是招展工作的关键环节,而展览的宣传推广应该由组展商来统一进行。所以,组展商对展览全方位的宣传促销,是影响代理商招展工作的重要因素。组展商对展览会的宣传促销力度越大,就越有利于代理商的招展工作。

（六）建立佣金比例累进制度,提高代理商业务拓展的积极性

除了为代理商提供展览会的全方位的宣传促销,组展商能否建立一套科学的佣金管理体系,也是决定代理商招展效果好坏的重要环节。组展商和代理商签订代理协议时,可以采取两种佣金计算办法:一种是固定比例的佣金计算办法,另一种是累进比例佣金计算办法,即按照代理商销售累计额设置不同的佣金比例,销售额越高,计提佣金的比例越高。在制度设计上,累进比例佣金计算法对代理商的激励作用要大于固定比例佣金计算办法,能够提高代理商进行业务拓展的积极性。

拓展阅读　　组展商应如何帮助参展商提升 ROI

Exhibit Surveys(2014)通过对展览主办方的调查得知,如何帮助参展商提高参展 ROI(投资回报率)是组展方面临的最大挑战。该机构对如何提升参展商 ROI 提出了 8 个实用的意见。

1. 匹配分析:实现观众与参展商的高效对接

所谓的匹配是指参展商展示的产品符合观众的口味,同时,观众的人口分布概况符合参展商的预期目标,另外,观展的动因与展商参展的目标相一致也是一种匹配。主办方为展商招徕更多的专业观众是参展商参展成功的重要保证,观众质量与展商预期的匹配能极大地提升展商的满意度。主办方还必须从观众的角度来看分析匹配的程度。通过比较观众感兴趣的产品与展出物品的差异,来衡量观众的满意程度,也会使得下一次的招展活动更有针对性。

2. 分析"潜在观众":量化参展商的潜在 ROI

参展商会计量自己的实际 ROI,而组展商则应该关注参展商的潜在 ROI,并通过揭示潜在 ROI 来帮助参展商做出恰当的参展投资。计量潜在 ROI 的关键是明确潜在观众的数量,这要求组展商从观众注册、登记等渠道,获取具体的、准确的统计数据。根据潜在观众的量化结果,组展商可以帮助参展商确定对该展览的投资级别。例如,对某参展商而言,观众流净值为 1 万的展会可能会产生 2000 名潜在观众,进一步分析,其中可能有 100 名极具价值优势的观众。此时,展商会就会考虑通过怎样的参展投资策略最大限度地提升结果,将具有价值优势观众的数量增加到 200。

3. 展台吸引:帮助参展商做好展台计划

组展商需要帮助参展商分析影响展台吸引力的关键变量,并做好展台计划。

(1) 参展规模。大多数的中小企业参展商只会吸引一小部分的目标观众。倘若某个特定展位的规模过大,平均到每位访客的成本就会过高,对展商的 ROI 就会产生负面的影响。另一方面,若展商的展示空间过小,将很可能错失良机,也会对 ROI 造成负面影响。

(2) 营销机会。不论是展前造势还是展中的热场,营销不失为提升展台吸引力的重要推动力之一。组展商手中握有多种营销方式,比如会刊、网站、旗帜广告、微信公众号等等,可为参展商最大限度地拓展营销。

(3) 提升吸引力技巧。现场产品、工艺展示等体验场景的设置不一定是组织者的分内之事,但分享这种增加关注度的技巧可以提升高质量的客户关系,组织者有必要在这方面为参展商提供帮助。

4. 员工参与:构建有助于买卖双方高效洽谈的环境

相关研究表明,参展商 ROI 的显著性影响因子是展会的活跃度和一对一的贸易洽谈,而非仅仅是观众数量。因此,展台工作人员的表现和素质对展商预期 ROI 的实现有着较大的影响力。组展方应该帮助参展商在员工参与度方面进行改进,提升参展 ROI。

(1) 数量。展台要配备足够数量的员工来吸引潜在顾客,组展方可以帮助展商来做出合理化的决定。

(2) 混合。展台员工的配备要覆盖专业水准和职责分类的各个层级,组织者可以根据展商潜在观众的统计特征提出针对性的建议。

(3) 培训。展台工作员工必须是训练有素且积极主动的员工。许多组织者会为展商提供展台人员培训的有偿服务。

5. 优化结果:建立伙伴关系,提升参展商的绩效

组织方可通过分享展会总体的关键数据以及特定展商的展览绩效指标,与展商达成更多的战略合作伙伴关系。展会的各项数据有助于定义展商目标观众的规模和价值,而展览绩效指标可以识别特定展商的优势和劣势,凸显其优化改进的机会。组展方还可以搜集参展企业营销部门所披露的描述其公司业绩的指标和术语,帮助参展商进行战略层面上的改进,而非仅在战术层面的合作。这是一个双赢的过程,组展方对所获数据进行整理分析,并与展商方面进行研讨,这也是组展方进行市场调研的机会。

6. 做好为参展商和赞助商提供定制化体验的准备

对于有影响的参展商来说,展会的价值不只是源自展区或赞助广告,他们大多

会利用多种方式来实现其营销目的。例如,有的展商代表利用演讲或主旨发言的机会彰显其精神领袖的风采;有的展商在展区之外设置会客厅进行产品展示或召开客户会议;还有少数展商会针对特定客户群自办私人展览会。当主办方加深与展商的协作关系,帮助其实现预期的营销目标时,主办方也会从中获益。这些额外的活动会提升整个展会的观众体验,也为组织者带来额外的收入。

7. 控制弱点:重视展会体验

组展方在提供展览服务方面,如注册、交通、布展、撤展等等,任何问题或失误都会影响参展商对整个展会的感受,产生负面评判。因此,组展方英国测定影响展会绩效的各方面战术元素,以便快速识别可改进的领域。通过对这些弱点的及时处理,主办方可以有效提高参展商的整体体验,提升展会的客户感知价值。

8. 展台的销售要基于其效用而非价格

参展成本的增加是参展商持续关注的焦点之一,虽然组展方需要竭尽所能地帮助展商控制参展成本,但展位和赞助的销售还是要基于价值而非价格。ROI 的定义是,通过投资而应返回的价值,即企业从一项投资性商业活动的投资中得到的经济回报。倘若观众的数量和质量改善,参展商回报提升,主办方就不应该羞于涨价,不然将会导致自身收入的损失。实际上,展台租金仅为参展商参展总成本的三分之一。

(资料来源:https://www.tech-food.com/kndata/detail/k0196320.htm.)

 ## 本章小结

招展是举办展览会的基础工作之一。招展的对象是参展商,展览主办方要顺利完成招展首先需要了解参展商。展览主办方应该通过多种渠道从多个层面来了解参展商,包括参展商的参展目的、影响参展商参展决策的依据、参展商的绩效评估角度等等。

招展工作的主要流程包括收集潜在的客户名单、研究潜在客户、联络潜在客户、接近客户、评估客户需求、介绍展览、处理异议、达成交易。

制定展位价格是招展工作的一个重要内容,组展企业需要将展览场地划分为不同的展区和展位,为每一个展位制定出合适的价格向参展商销售。差别价和折扣价是展位价格制定中的常见形式。

使用招展代理是组展企业借用外部力量来做好招展业务的一种有效手段。组展企业需要对招展代理做出仔细筛选和有效管理。

关键概念

招展 参展商 参展绩效 展区与展位 展位价格 招展代理

复习思考题

1. 展览主办方为了更好地进行招展工作,应该从哪些方面去了解参展商?
2. 招展工作的主要流程是什么?
3. 展位价格的制定有哪些常见的技巧?
4. 组展企业如何避免招展过程中出现的价格混乱现象?
5. 如何选择招展代理? 如何对招展代理进行有效的管理?

第六章

专业观众的组织与服务

学习目标

- 了解观众的各种特征。
- 掌握对专业观众的基础服务内容。
- 了解如何优化对专业观众的服务。

案例引导

展览业界专家 Jonny Baynes 分享了他对深入挖掘数据提升观众质量的见解。

虽然贸易展在不断发展，但是有一点是不变的，即参展商价值的基本驱动力在于高质量的观众。然而有越来越多的资源在争夺潜在观众，因此，展览组织者认识到需要更加专注于营销数据研究来获得信息，以提升观众的参与价值。

现在的展览组织者可以使用强大的分析工具来分析观众的驱动因素，这使得他们对整个营销数据库的洞察力比十年前提升了很多倍。展览组织者面临着重大的挑战和机遇，他们可以通过数据分析了解与会者的价值决定因素，推动与会者的价值提升。比如，展览组织者可以根据参展商与观众的需求来定制多种活动，使用更多的配对工具，也可能在活动期间、活动周围和活动之外开发更多产品。但是，展览组织者在使用营销材料数据的时候，要避免过于通用的方法，因为这可能导致有限的可操作性结论。展览组织者对特定观众群体的关注点、调查点越多，就越有可能获得独特的可操作的见解。

对于寻求更广泛服务市场的展览组织者而言，不仅要关注展览参与者或预先注册者信息，而且要分析和调查整个营销数据库信息。它们会揭示与会者和非与会者如何细分、每个人的动机和目标是什么、如何着手实现这些目标，以及他们花费多少时间和金钱，组织者还可以分析每一类主体的忠诚度。展览组织者可以将所获得的洞察力转化为杠杆,以提高展览参与者的价值。在最近的一个例子中,一位认为观众主要是采购目的的展览组织者发现,问题解决和技术信息实际上是许多参展观众的优先事项,这使得展览组织方有机会重新定位活动,并为现场和非现场的观众重新开发重点内容。实际上,很大一部分与会者表示愿意为这些内容付费。

(资料来源:https://www.exhibitionworld.co.uk/2012/10/03/attendee-value.)

展览会观众组织与招展工作是展览会发展的两翼,两者相互影响、相互作用。会展企业应该重视观众的组织与服务工作,将其放到和招展同等重要的地位来看待。

第一节　观众的分类和行为特点

一、观众的分类

按照不同的分类标准,展览会的观众可以划分为不同的类型。

（一）专业观众与普通观众

从参展目的上看,专业观众出于业务原因参加展览,带着某项具体的目的参展,参展的费用是由所在公司承担,通常会预先关注展会,并预先注册。普通观众参展目的不明确,可能是娱乐目的,也可能具有一定的购买欲望。

通常一个展览会既会吸引到专业观众,又会招来普通观众。在展览行业的实际操作中,为了保证展览会的效果,有些展览会只对专业观众开放而拒绝普通观众进场,有些展览会虽然既接纳专业观众又允许普通观众,但对普通观众的参观时间有所限制,比如前两天对专业观众开放,第三天才对普通观众开放。

（二）核心层观众、次层观众、外层观众

从与参展商的产业关系上看,核心层观众来自下游企业或专业代理商,他们直接购买或代理产品;次层观众来自同行、配套或辅助企业,他们了解同行信息、寻求合作;外层观众来自行业机构、技术单位等,他们来调研、考察等。由于核心层观众具有真实的购买意愿,在贸易型展览中,参展商会愿意花费时间和精力与他们沟通以期达成交易。

（三）贸易观众与一般观众

一些观众来自企业的决策层或经办层,他们对展品的采购或贸易合作拥有决策权或重要推荐权,这样的观众被称为贸易观众,而其他的观众则被称为一般观众。显然,具有决策能力的贸易观众更受组展商和参展商的重视。

（四）忠实观众与非忠实观众

组展商需要了解观众忠诚度的强弱。可以以箭靶为例,观众就如同箭靶中央的红色圆

圈,最中心的圆圈代表"忠实观众",向外一层的圆环代表"次忠实观众",再向外一层的圆环代表"第三档忠实观众"。三层以外的观众,则基本可以定义为"非忠实观众",在经济景气的时期,他们会为展会增加影响力,而在经济不景气的时候,他们将是最先弃你而去的人。

历史数据分析可以用于识别忠实观众与非忠实观众呢。比如,可以把过去五年每届都参展的观众定义为"忠实观众",将五年间参加了四届展会的观众定义为"次忠实观众",将五年内参加了三届展会的观众定义为"第三档忠实观众"。

（五）有效观众与无效观众

有效观众对于参展商来说可以实现销售产品、结识客户、交流信息等直接作用,或者实现形象宣传、品牌推广、口碑扩散等间接作用。无效观众对于参展商来说是可有可无的,适量的无效观众可以发挥活跃现场气氛、增加人气的作用。

此外,还可以根据来源地对观众进行分类,可分为本地观众、外地观众与海外观众,或者国内观众、国际观众;可以按照观众是否重复参展,分为老观众和新观众等等。

二、了解专业观众

了解专业观众是展览主办方吸引、邀请和服务观众的基础。需要从多方面来了解专业观众。

（一）专业观众的观展目的

由于观众的组成复杂层次多样,因此其观展目的也差别很大,观众的观展目的有:发现新产品,搜集产业发展趋势信息,寻找新供应商,进行产品或服务比较,搜集技术信息,查看产品的实际品质和功能,进行市场调研,寻找合作伙伴,了解竞争者情况,寻找新产品进行代理等。

（二）专业观众获取展览信息的渠道

组展商想方设法运用多种渠道进行展览的宣传推广,而研究显示,观众获取展览信息的主要渠道有:参展商邀请,主办单位邀请,协会邀请,专业报纸或期刊,宣传海报,新闻报道,网站信息,同类展会,熟人推荐等。

（三）专业观展决策的影响因素

面对多个同类主题的展览,专业观众进行观展决策所考虑的因素主要有:主办单位的声誉,近几年展品的质量和种类,展览的历史和影响力,展览明确的定位,举办地的安全,展览的举办区域,展览近几年参展商的规模,是否有龙头企业参展,展览举办的时间,费用等。

（四）专业观展的其他行为特征

专业观众的观展决策还和自身所属企业的经营性质（制造商、代理商等）、规模结构、地域来源等有关;而专业观众的具体观展行为,如逗留时间、是否购买下单等,则与专业观众所处职位、在企业采购决策中的权限等有关。如专业观众每年平均观展的数量,专业观众所属企业的经营性质,专业观众所属企业的规模结构,专业观众所属企业的地域来源,专业观众的职位构成,专业观众在企业采购中发挥的作用等。

知识链接　**2018 上海国际压缩机及设备展览会观众分析**

2018 上海国际压缩机及设备展览会观众分析如图 6-1 所示。

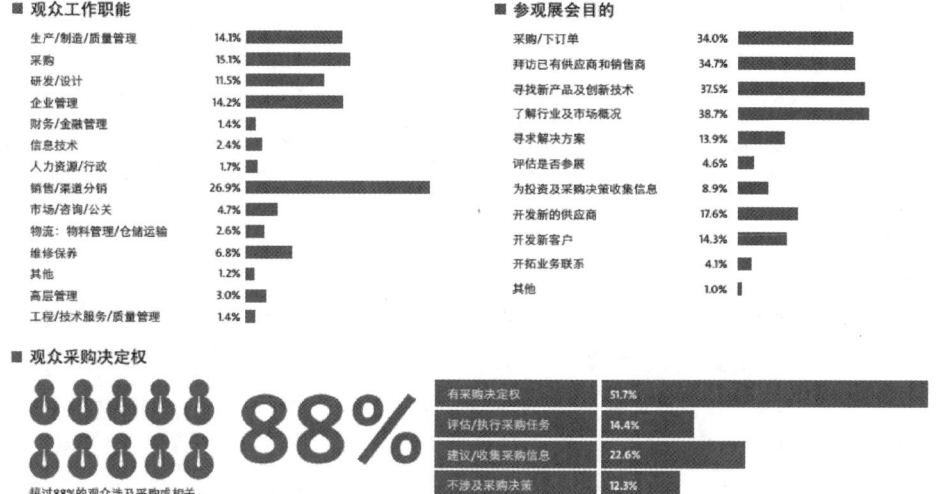

图 6-1　2018 上海国际压缩机及设备展览会观众分析

（资料来源：http://hannover.compressor.cn.）

第二节　对专业观众的组织与服务

一、对专业观众的基础服务内容

（一）展前服务

邀请观众是主办方展前观众组织与服务的重要内容，主办方首先要对展览进行有效的宣传推广，提高目标观众对展览的关注度；然后采用上门拜访、专人派送、电话沟通、网络发送和直接邮寄等多种方式向目标客户发出观展邀请；在观众接受邀请后，要收集观众信息，回复观众的疑问，并及时向专业观众提供最新的展览资讯。

一个典型的吸引并邀请专业观众的日程如下，这个日程是以一年为一个周期的。

52 周,宣布来年的展会日期。

40 周,在行业期刊和网站上公布展会的日期广告,广告持续到展会开始前的第 4 周。

21 周,发起第一次直邮广告大战,设计网页上互动的注册网页。

15 周,第二次向观众直邮广告。

10 周,最后一次直邮广告。

6 周,根据预先注册统计的结果,开通多种观众互动的方式和专区。

4 周,在线公布展会日程。

2—3 周,选择合适的媒体发布新闻。

1 周,召开新闻发布会。

(二)展中服务

组展商要快速办理观众入场手续,并提供行李寄存、展览向导、活动查询等服务;在展览现场,还应为观众提供免费上网、免费电话、设立商务服务区等;专业观众都有具体的业务目的,组展商应该通过举办产品发布会、行业发展论坛、专业研讨会等多种活动,帮助专业观众实现观展目的。

(三)展后服务

对专业观众的展后服务工作包括:感谢工作,发邮件向专业观众表示感谢,重要的客户可以登门致谢,甚至宴请致谢;发放意见调查表,征求专业观众的意见和建议,以期进一步改进服务;发送展览总结报告,将展览的有关情况、统计资料数据发送给专业观众,比如参观人数、成交额、新产品数量等等;发布下一届展览会信息,以吸引专业观众再次参展;组展方要在已有数据库中对专业观众的数据进行更新,这是一项非常花费时间和精力的工作,但是对以后的观众组织工作具有重要的作用。

二、优化对专业观众的组织和服务

(一)提供增值服务

主办方为了提升专业观众的满意度,应该努力提供一些额外的服务,这些额外的服务能够让专业观众的观展行为更便利、更舒适或者更有收获,使得观众在获得基本服务价值的基础上实现增值,所以,这些额外的服务被称为增值服务。在展览中,常见的增值服务有:虚拟会展与实物会展并举、参展顾问服务、展览数据服务、展后行业动态信息服务等等。

展览主办方提供的增值服务不仅能够提升观众的满意度和忠诚度,还可能给主办方创造新的收入来源,比如,佣金、学费、赞助费等等。但是,展览主办方只从是否增加收入和提高利润的角度来决定增值服务的供给是一种狭隘的做法,主办方应该从长远的角度出发,着眼于与客户间建立长期的、稳固的关系。另外,增值服务也很容易被竞争对手抄袭和模仿,因此主办方需要不停地进行创新,提供新颖独特的增值服务。展览主办方创造增值服务应该做到:满足客户真正的需要;不断创新提供个性化的增值服务。

(二)提供配对服务

参展商和专业观众都是冲着对方来参加展览的,他们的参展目的要通过双方的互动才能实现。展览主办方要为参展商和专业观众搭建优质的平台,提供配对服务,促成双方都实现各自的参展目的。

主办方能提供的配对服务首先是让参展商和专业观众的数量匹配,即每个参展商都是合适数量的目标专业观众,同样,每一个专业观众都有合适数量的目标参展商。任何一方的数量过少,都会导致另一方的不满意,对展会产生负面评价,影响重复参展。对于参展商和专业观众的数量应该是怎么样的比例,没有固定的数值,要取决于不同类型的展览、各自不同的参展目的,以及展览所属的具体行业等等。

主办方还应该重视参展商和专业观众的目的匹配。参展商们的参展目的是多种多样的,同样,不同类型的专业观众,其观展目的也不一样。组展商如何推动参展商和专业观众的目的匹配呢?在展览会举办前,组展商应该重视"互联网+"的功能,搭建网络平台进行展览前预热,让参展商和专业观众实现互动,开展有效预约;在展会举办期间,组展商举办各类活动,便于参展商和专业观众的现场沟通、体验、洽谈;在展览结束后,组展商应该继续跟进,协助参展商和专业观众的贸易对接,促成交易。

(三)运用 IPA 方法提升服务质量

重要性-绩效分析是分析顾客对供方的产品和服务的重要性和绩效的感知。展览主办方可以运用该方法来分析观众对展览服务的重要性和绩效感知,提高服务质量和顾客满意度。该分析方法的程序如下。

第一步,数据收集。首先是选择重要顾客,并请他们给产品或服务的好坏(即绩效)打分,分值范围为 1—5 分。同时,让顾客给产品或服务对他们的重要性打分,分值范围为 1—5分。如表 6-1 所示。

表 6-1　产品及服务分值表

绩效	分值	重要性	分值
产品或服务足够好	3 分	有一些重要	3 分
有待提高	2 分	愿意拥有,但不必需	2 分
缺乏一致性	1 分	不需要	1 分

第二步,以同样的标准,自己(供方)给产品和服务的重要性及绩效打分。并将顾客的打分和自己的打分记下,如表 6-2 所示。

表 6-2　重要性-绩效评分表

服务	供方给重要性打分	顾客给重要性打分	供方给绩效打分	顾客给绩效打分

第三步,利用矩阵进行重要性-绩效分析。

（1）顾客的评价分析，如图 6-2 所示。

①位于象限Ⅰ表示最令人满意。顾客认为位于这一象限的产品或服务对他们最重要，而且做得很不错。

②位于象限Ⅱ表示需待改进。顾客认为位于这一象限的产品或服务对他们重要，但做得不够好。

③位于象限Ⅲ中的产品或服务需要改进，但重要性程度低于象限Ⅱ中的产品或服务。

④位于象限Ⅳ中的该产品或服务的资源可以转移到其他更重要的产品和服务中去，因为这一象限的产品或服务做得好，但重要性不高，使之做得好的资源可以转移出去。

（2）顾客评价的重要性与自己评价的重要性比较分析，如图 6-3 所示。

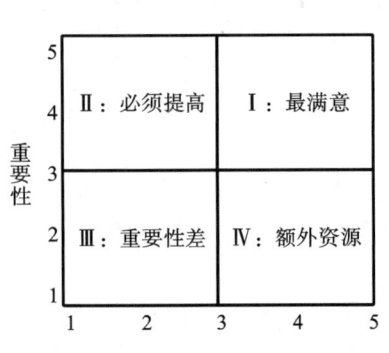

图 6-2　顾客重要性-绩效比较

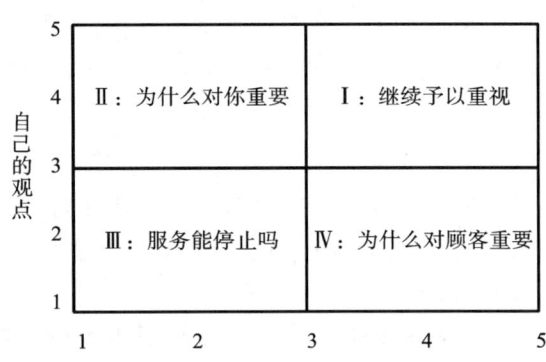

图 6-3　顾客及自己的评价比较:重要性

①位于象限Ⅱ和Ⅳ中的产品或服务，顾客的评价和自己的评价不一致，自己与顾客有很大的沟通空间。

②位于象限Ⅲ中的产品或服务，顾客和自己的重要性打分都是 1 或 2，应该与顾客讨论用更重要的产品或服务代替现在的产品或服务。

③位于象限Ⅰ的产品或服务，顾客及自己的重要性打分均较高，应该继续重视产品或服务的提供。

（3）顾客评价的绩效与自己评价的绩效分析，如图 6-4 所示。

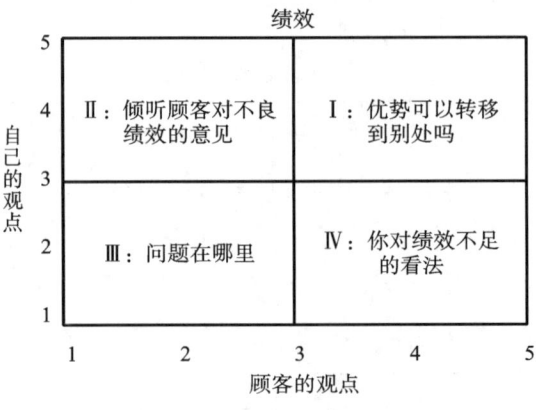

图 6-4　顾客及自己的评价比较:绩效

①位于象限Ⅱ和Ⅳ的不一致说明与顾客还有很大的沟通空间。

②位于象限Ⅲ的产品或服务是自己和顾客都认为绩效不足的,应该找到问题所在。

③位于象限Ⅰ的产品或服务是自己和顾客都认为好的,也应该找出原因,从中发现别的服务可以借鉴的经验。

重要性-绩效分析法可以用于分析顾客的满意度,寻找顾客不满意的原因,从顾客处获取关于产品和服务改进的有用信息,做到合理配置内部资源,制定更好的产品和服务策略。

拓展阅读　　国外展览观众的邀请

对于国际专业展,会展企业不仅要组织国内的专业观众,还必须组织来自国外的观众。以下介绍作为世界会展强国之一的法国在举办国际专业展时,招揽国外观众的做法,以供参考。

法国国际专业展促进会是由巴黎工商会、法国外贸中心、法国展览协会等机构发起,并于1967年组建成立的,是一个非营利性的协会团体。该促进会的宗旨是对在法国本土以及国外举办的国际性专业展和国际博览会开展各种促进活动,以提高和改善展览会的国际化程度。

法国国际专业展促进会自成立以来,为促进国外专业机构来法国参展交流起了很大的促进作用。法国每年举办300多个国际展会,参展企业120多万,观众近470万名,其中130万为国际观众,国际化程很高。

法国国际专业展促进会为了在国际范围内开展促进业务,在60个国家和地区建立了65个办事处。在这些办事处中,除了在德国、英国、意大利、西班牙、比利时等少数国家的办事处是由促进会总部直接投资的独资公司外,大部分办事处都是委托其他公司或机构来提供,促进和这些公司或机构建立合作伙伴关系。

1994年,法国国际专业展促进会委托法国欧西玛特公司北京代表处负责中国的业务。2007年,法国国际专业展促进会在华合资公司——布罗美展览(北京)有限公司于成立。自2013年起,法国国际专业展促进会通过北京爱博亚联展览公司开展其在中国内地的业务。

法国国际专业展促进会并不独立举办任何展会,而是为其会员服务,为其展览主办方会员提供展览组织协助。这种协助是一项专业的工作,需要专业的知识和技能,比如,在其他国家推广法国展会时,促进会需要与媒体打交道,与当地观众打交道,与当地机构打交道,这都需要专门的技巧。整体而言,促进会的工作主要包括三个方面:第一是辨别需要接洽的机构与人员,这是最难的部分;第二是通过电话、网络、拜访等方式接洽这些人员;第三是促使企业做出参展、观展决定并提供签证支持等方面的后勤服务。

建立法国国际专业促进会这样的机构来促进展览国际化是很有意义的,因为单个的展览公司,哪怕是财力强大的展览集团,都没有足够的实力在世界上60多

个国家和地区建立属于自己的办事机构网络。但是,多个展览公司和组织机构联合起来,就能组成一个有效的展览会国际促销网络。

本章小结

　　观众组织与招展工作是展览会发展的两翼,展览主办方应该重视观众的组织与服务工作,把它放到和招展同等重要的地位来看待。了解观众是展览主办方吸引和邀请观众的基础,展览主办方需要从观众的分类、观展目的、影响观展决策的因素、现场观展行为特征等方面来了解观众。

　　展览主办方对观众的基础服务分为展前、展中和展后三个部分,展前服务包括宣传推广、发出邀请、提供展览资讯等等;展中服务包括办理入场、现场服务、举办活动等等;展后服务包括致谢、意见调查、发送总结报告等等。

　　除了为观众提供基础服务,展览主办方还应不断优化服务内容,比如提供增值服务、配对服务、运用 IPA 方法提升服务质量等等。

70

关键概念

　　专业观众　　普通观众　　增值服务　　配对服务　　重要性-绩效分析

复习思考题

　　1. 为了更有效地吸引专业观众来观展,展览主办方应该从哪些方面来了解专业观众?

　　2. 展览主办方对专业观众的服务,在展前、展中和展后分别包括哪些主要内容?

　　3. 展览主办方可以为专业观众提供哪些增值服务?

　　4. 展览主办方应该如何为专业观众提供配对服务?

第七章

展览的活动设计

学习目标

- 了解展中活动对完善展览功能的作用。
- 掌握展中活动策划的基础知识和技巧。
- 掌握会议、新闻发布等常见活动的策划与组织。

案例引导

　　丰富的活动是展览的有机组成部分。各种展中活动与展览相互配合,成为展览会的新亮点。第十九届成都国际家具工业展览会活动安排如表7-1所示。

表7-1　第十九届成都国际家具工业展览会活动安排

序号	名称	时间	地点
1	中国定制家居行业新零售财富峰会	6月5日　12:30	中国成都世纪城会展中心天府厅
2	"产业集群 升级之旅(成都站)"高峰论坛	6月6日　14:00	中国成都世纪城会展中心3号馆
3	中国木门窗行业"一带一路"西部论坛	6月6日　13:00	成都世纪城新国际会展中心5号馆
4	2018中国定制家具中西部发展论坛 暨TDA装潢世界国际传媒大奖中西部地区启动盛典	6月6日　14:00	成都世纪城新国际会展中心2号馆

续表

序号	名称	时间	地点
5	全屋定制＆国际收纳设计优化课程(成都)	6月7日 9:00	成都世纪城新国际会展中心2号馆
6	新锐家居工业设计奖优秀作品展	6月6日—9日	中国西部国际博览城9号馆绵阳厅、眉山厅
7	新锐家居工业设计奖颁奖仪式	6月7日 10:00	中国西部国际博览城9号馆天府、成都厅
8	成都国际家居设计周论坛	6月7日 14:30	西部博览城9号馆天府、成都厅
9	第六届中国家具产业发展(成都)论坛	6月6日 14:30	成都西部博览城9号馆天府、成都厅

(资料来源:成都国际家具工业展览会网站.)

展中活动是展览公司为实现特定的组织目标,围绕某一特定主题所开展的专题性的活动。这些展中活动可以使展览会的贸易、展示、信息交流与宣传功能更为完善,因此成为展览会重要的组成部分。展览企业应该多策划各种活动,从各个方面丰富展览会的内容,使展览会真正成为参展商和观众贸易、交流、推广、展示的场所。

第一节 展中活动的种类与功能

一、展中活动的种类

展中活动的类型多样、层出不穷,活动的目的也各有侧重。根据展中活动的目的的不同,可以将展中活动分为以下几种类型。

(1)礼宾活动:开幕式、闭幕式、招待酒会、领导会见等。

(2)交流活动:行业会议、学术讲座、研讨会、论坛、交流会等。

(3)贸易活动:贸易洽谈、项目介绍、意向签约仪式等。

(4)宣传活动:新闻发布会、产品发布会、记者招待会、评奖等。

(5)娱乐活动:旅游活动、参观访问、文艺汇演、现场表演活动等。

二、展中活动的功能

组展商策划和举办任何一种活动一定都是为了完善展览会的某一项功能。一般认为,展览会具有展示功能、贸易功能、信息交流功能、宣传功能、活跃气氛功能等,一项展中活动就是为了达成其中某一项或几项功能而举办的。

（一）拓展展览的展示功能

展览是企业产品的重要展示平台,许多参展企业精心设计展位,精挑细选展品,目的主要是在展览上充分展示企业的生产实力和品牌形象。组展商为企业提供场地、宣传等协助,让企业在展览期间举办产品推荐会、项目介绍会等,能够使企业的产品和形象更好地展现出来,给观众留下深刻的印象。

（二）增强展览的贸易功能

在展览现场,由于时间和空间的限制,以及无效客户的干扰,参展商和目标客户的接触深度是有限的。为了促成参展商和专业卖家的交易,组展商协助企业举办产品订货会、项目招标会、签约仪式等都是极为有效的,可以为双方提供更为广泛的贸易平台。

（三）丰富展览的信息交流功能

展览是行业和市场信息的重要集散地,许多观众参观会展的主要目的是收集各种有用的信息。在展览期间举办一些专业研讨会、技术交流会和行业会议,与会的专家、学者和行业专业人士能将大量的信息带给会场听众,信息积聚和传播的作用非常明显。

（四）强化展览的宣传功能

展览现场汇集了各地买家、代理商、行业专家等等,这些主体对于企业的品牌传播具有重要影响,因此很多企业将展览视为其宣传推广的重要阵地。为此,组展商应协助企业举行一些品牌宣传推广活动,比如,新产品发布会、记者招待会等等,有些企业还将这些宣传活动与现场表演、尊贵嘉宾出席等活动结合起来举办,以此来增强吸引力,最大限度地发挥展览上的宣传推广功能。

（五）活跃展览现场气氛功能

一些富于观赏性的相关活动以及一些大众参与性较强的活动,比如现场表演、抽奖、比赛等等,能够极大地调动现场观众的积极性,使展览现场气氛变得活跃,为参展企业创造良好的现场氛围。

各种展中活动的举办除了补充和完善展览的上述功能,如果活动策划得好,还能极大地提升展览的档次,比如,高水平的专业研讨会、极具吸引力的产品发布会、高规格的高峰论坛等等都能极大地提升展览的影响力和号召力。

三、展中活动策划知识

（一）活动前准备工作的内容

活动的成功与否很大程度上取决于活动前的准备过程,这个准备过程包括活动的策划、前期人力物资准备。没有任何两个活动是完全一模一样的,所以每一次活动前准备工作都所不同。一般来说,活动前准备应该包括以下内容。

（1）确定活动理念。

（2）明确活动预算。

（3）建立活动目标。

73

（4）制订可行性计划。

（5）选择举办地和具体场所。

（6）计划活动项目和内容。

（7）设计场地环境。

（8）组建活动执行人员。

（9）确定活动资源。

（10）活动宣传推广。

（二）确定活动理念的"5W"

活动组织方在准备活动前都会问客户需要一个什么样的活动，而通常客户回答都比较模糊、不具体，比如客户会说"活动很盛大""内容要非常有趣""参与者记忆深刻"等等。专业的活动组织者需要和客户仔细沟通，将这些模糊的想法进行具体化，形成活动的基本理念。只有活动的理念非常具体和明确，组织方才可以按照活动理念，全力以赴地去设计和组织活动。活动理念可以用 Ruth 提出的"5W"来表明。

（1）Why：活动的动机、目的及具体的目标。

（2）Who：活动的目标参与者、人数。

（3）What：活动的内容、总体安排。

（4）When：活动的时间、时机。

（5）Where：活动的地点、场所、环境。

（三）活动策划的整合思想

根据活动策划整合理论模型，展览活动的策划都需要经过点、线、面、体四个维度，分别代表"点子""创意""布局""整合"四个层次。大家熟悉的"出点子"，只是一个活动策划的起点而已，我们需要把"点子"转化成线形的"创意"策划、平面的"布局"策划和立体的"整合"策划。

"点子"，是一个好的想法、一个思想的小火花，是活动策划的起点，但它往往比较抽象，需要后续的具体化。

"创意"是把"点子"用线条画出来，是"点子"的图像化，是将"点子"从抽象到形象的过程。

"布局"是把"创意"条理化、文案化，让活动策划的内容更加具体。

"整合"是将"点子""创意""布局"复合化，并将活动需要的资源进行整合，做到事无巨细、面面俱到、疏而不漏。

活动策划就是一个从抽象、形象、具象、万象不断具体、深化的过程，从活动理念的概况、活动内容的描绘、文案的编写、资源的整合，到最后组织实施的过程。

（四）活动设计的"5E"原则

Judy Allen 在 2009 年提出了关于活动设计的"5E"原则，她强调一个好的活动策划应该围绕着 5 个"E"展开。

（1）The elements(all the parts that make up the event)，即活动要素，是指活动应该包括所有的要素，比如时间、地点、参与者、目标、预算等等。

（2）The essentials(must haves)，即活动必需部分，比如一个会议必须有议题，一场演讲必须有主讲人，一个庆典必须有嘉宾等等。

（3）The environment(venue and style)，即活动的环境，是指活动的举办场所、布置风格等。

（4）The energy(creating a mood)，即创造氛围，是指活动将营造什么样的氛围，学术的、娱乐的、商业化的、温馨的等。

（5）The emotion(feelings)，即情感，是指活动给参与者带来什么样的情感，激励的、感动的、温情的等。

四、展中活动设计的技巧

（一）活动的主题与展览整体主题一致

作为展览中的活动，受众的关注度已经被许多信息分散，所以活动的主题选择是否具有吸引力就非常重要。展览活动的主题最好是和展会整体的主题一致，因为来参与这个展会的人们最希望获得的就是与展览主题最密切相关的讯息。活动的主题可以是对展览主题的拓展、解释或补充。举办活动讲究营造一种氛围，这种氛围会在同主题的展览背景下被进一步强化。

（二）选择合适的嘉宾

很多活动有一个策划重点就是邀请嘉宾。嘉宾往往构成了很多活动的主体，也是他们吸引了目标受众的关注，比如，会议型的活动要邀请权威主讲人，庆典型的活动就必须邀请重要人物做剪彩。因此，有邀请嘉宾的活动一定要选择合适的嘉宾。

（三）邀请媒体

展览会作为一个信息产生的聚集地，邀请媒体对展览和所举办的活动进行报道，会使活动举办企业、组展商以及展览本身的形象得到扩散和加强。活动举办企业和组展商要为媒体的宣传报道提供信息和资料，便于媒体做出有利的报道。

（四）控制活动时间

一项活动的持续时间需要仔细考虑，巧妙设计。比如，邀请到高层人士做行业研讨会，一般不能邀请他们超过三天；很多工作繁忙的客户通常只能出席本次展览的一到两个活动，所以最佳的方法是以半天为一个单元，安排持续几天的一系列活动，提供给客户选择参与。

（五）维持活动现场秩序

表演、比赛、抽奖等活动往往能产生十分热闹的气氛，能吸引大量的人群围观和参与。但是，如果展览现场气氛过分热烈，到场的无效观众太多，就会对企业的展出效果产生不利影响，对有效观众的参观、洽谈产生干扰，所以要控制好活动现场的秩序。

（六）活动内容具有吸引力

无论什么活动，活动本身要设计得当，组织有力，秩序井然，才能产生良好的效果。例如，专业论坛要能紧紧抓住行业的热点和难点问题；研讨会要有助于拓宽视野、更新知识；表演要富有观赏性；比赛要具有公正性等等。

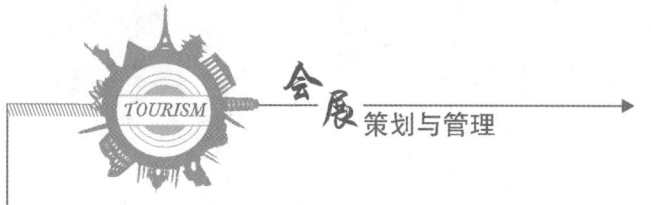

第二节 展览活动策划之一：会议的策划

会议是指一群人为了解决某个共同的问题或者各种各样的目的聚集在一起的活动。会议是展览中的一个重要组成部分，很多业内专家认为，会议可以没有展览，但是展览一定要有会议。展览中会议的形式很多，有研讨会、交流会、论坛、演讲等等。策划高水平的会议是一项复杂而细致的工作。

一、会议的功能

会展作为现代展览重要的组成部分，它具有以下功能。

（1）拓展展览的各项功能，使得展览的展示、贸易、信息和宣传功能得到加强和完善。

（2）丰富展览的内容，真正实现"会"和"展"的结合。

（3）有利于招展和组织观众，因为高水平的会议作为展览中亮点，会对于相当部分的参展商和专业观众产生吸引力。

（4）指导行业发展，由于专业会议会对行业的发展趋势、热点、难点问题进行探讨，可以帮助业内企业做出理智的决策，起到指导行业发展的作用。

（5）提供新的商业平台，参展商、专业观众、专业人士在参加会议的过程中，通过交流沟通，获得了一个新的商业接触平台。

二、会议策划的流程

会议的策划是一项复杂而细致的工作，具体包括以下内容。

（1）收集市场信息。为了使会议的内容有的放矢，在准备会议之前，我们需要多方收集市场信息，对行业做深入的研究，为确定会议主题及方案提供详实的资料。

（2）确定会议的主题。会议的主题是会议的灵魂，一个好的主题能够对会议的潜在参与者产生强大的号召力。会议的主题要能反映行业的热点、难点问题。

（3）准备会议方案。会议方案是有关会议召开的具体实施计划，这个计划一定要做到详实周密、高效协作。

（4）邀请主讲人。很多时候会议的主讲人对会议的作用是至关重要的，因此，组织方一定要花费精力和财力来邀请高水平的合适的主讲人。并与主讲人进行充分的沟通，协助主讲人做好准备工作。

（5）会议召开准备。当会议召开日临近，组织方要妥善安排和布置会场迎接会议的召开。会议策划阶段需要对此做好工作分解、人员分工、进度控制等等。

（6）会后总结。会议结束后，组织方要及时对会议筹备及举办过程中的经验和教训进行总结，以便提高下一次会议举办水平。

（7）会议危机管理方案。会议策划应该有危机管理方案，以便万一出现突发危机事件时有合适的应对办法。其主要内容是针对各种突发原因，导致会议策划方案因故不能全部或部分实施而制定的替代方案。

（8）会议财务预算。对于会议所需要的各种费用,组织方需要提前做好预算,并安排好资金以备会议的顺利召开。

三、会议的组织与实施

会议的组织与实施需要人员、场地、经费的保证,以及需要设计会议的基本活动内容。

（一）机构分工

会议的组织与实施需要建立一个严密的组织机构,各司其职又密切配合。

（1）筹备组,任务是建立会议的整体框架,做好会议组织的前期准备工作。

（2）秘书处,主要任务是发布会议的通知、发送邀请函、征集论文、准备宣传报道材料、编辑论坛简报。

（3）组织组,负责整个会议的组织和安排工作,包括编制会议日程安排、落实主会场和分会场、安排设备、确定议程安排等等。

（4）会务组,负责整个会议的会务工作,包括印刷、发放入场证件和相关材料,迎送接待主讲人,购买、发放纪念品,支付各种费用和财务结算等等。

（二）会议场地

1. 会议场地选择

会议场地的选择与展览场所的选择是不同的,展览中的会议即可以在展览场馆内设置,也可以在酒店、会议中心、公共建筑内举行。会议场地的具体选择要依据会议的目标、会议的形式、参会者数量、会议时间等等。组展方可以通过各种渠道寻找合适的会议场地,或者干脆将场地选择工作交给专业组织来完成,如会议服务商、旅行社。

组展商在选定了会议举办地后,需要和场地提供方签署协议,通常协议的内容包括:场地使用日期、场地面积、功能厅数量、视听设备要求、各类服务(礼仪、摄像、鲜花等)、各类设施(签到区、办公房、休息室等)、茶歇和膳食服务、付款方式、惩罚条款、终止和取消条款、授权条款、诋损条款等等。

2. 会议场地布置

（1）会场桌椅布置。会场布置的方式有多种,具体选择哪种方式应根据会议的类型、规模和客户的要求来定。常见的排座方式有:礼堂式、课堂式、"U"字式、马蹄式、中空方形和中空圆形、圆桌式、长桌式、群落式。

（2）音响系统布置。音响系统是会议场所必须拥有的视听设备,它基本上是由音源、调音器、功率放大器（功放）和音响四个部分组成。每次会议前都需要请专业人员进行安装调试。

（3）照明设备布置。会议场所照明质量的基本要求是:照明均匀、照度合理、限制强光。会议场所的灯光系统应有专家进行设计并有专门技术人员控制操作。

另外,会议场地布置还涉及屏幕布置、投影机布置、演讲设备布置等等。

（三）会议经费

组展商可以采取多种渠道筹集会议所需资金,主要包括:第一,从展览收入中拨出一部分作为会议筹备资金,做到"以展养会,以会促展";第二,向参会人员收取一定的会务费用;

第三,寻求企业赞助。由于与会人员都是一些行内人士,如果会议举办出色,影响较大,很多企业是愿意赞助会议的。组展商获得企业对会议的赞助可以有多种形式,如转让会议的冠名权、允许企业在会议的特定地方做广告、让企业赞助会议现场所需的物资等。

（四）会议的活动内容

一个会议,其内容可以是丰富多样的,包括全体会议、并行会议、分散会议、特权会议、聊天会、会场外活动、展览等等。

（1）全体会议。每一个会议至少有一次全体大会,把所有的与会者同时聚集在一个会场里。全体大会通常作为会议的开幕式或闭幕式来安排。

（2）并行会议。并行会议是指同时举行两个或两个以上的会议。多个会议的主题之间可能是补充、拓展的关系,也可能没有直接的联系。

（3）分散会议。分散会议看上去很像并行会议,但是和并行会议有差别。分散会议更像是小组会议,是指在全体大会以后,让与会者分小组从不同角度和深度对全体会议的议题进行讨论。分组讨论的结果可能被制作成报告,成为整个会议报告的组成部分。

（4）特权会议。在一次会议中,大多数会议都是对所有与会者开放的,但是,也有一种特权会议,参加会议的与会者必须符合一定的条件或资格认证。这种会议使用情况不多。

（5）聊天会。这种会议是一种没有发言人也没有议程的非正式会议。组织方为聊天会与会者提供茶水、饮料、点心等,以营造一种轻松、愉快的会议气氛。

（6）会场外活动。有些会议为与会者安排一些会场外活动,比如参观、旅游、观看演出等等,丰富会议的内容,提升与会者兴趣。

（7）展览。我们说展览里面应该有会议,同理,会议里面也可以有展览。在会议现场举行和会议主题相关的展览,可以为参会者提供相关产品或服务咨询,也便于一些参会企业展示其产品和服务。

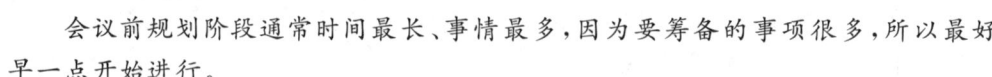

知识链接　　　　会前规划的进度安排

会议前规划阶段通常时间最长、事情最多,因为要筹备的事项很多,所以最好早一点开始进行。

（1）会前1年半。确定会议日期与场地;评估财源并制作预算;成立筹备委员会;成立秘书处;设计会议标志;确定饭店房间数的预订;确定会议室使用数量;制作工作进度表;搜集并准备宣传寄发名单;定期召开筹备会议,审视各项工作进度及决议。

（2）会前1年。制作筹备企划书,确定会议宗旨、内容、主题,以及工作进度表和预算;拟订推广计划;选定合适的会议专业顾问公司;确定拟邀请演讲者名单;决定报名费及相关费用;搜集旅游、文艺等资料;决定会议是否使用同声传译。

（3）会前10个月。草拟会议通告,含邀请函、会议日期和地点、主题等;印刷并寄发会议通告;确定会议节目形态及内容;设定大会所有印刷品的印刷时间表,并与印刷设计公司协调;确定所有将寄发给报名参会者的宣传手册应包括的资料,并着手草拟宣传手册及报名表、订房登记表。

（4）会前6个月。草拟展览说明书及合约;收集与会者名单;印刷并寄发宣传手册及相关表格;确认演讲者是否接受邀请并请提供演讲题目及摘要;制作大会纪念品;通知政府有关单位本次会议的举办时间;联络并确定会议各项安排的供应商。

（5）会前3个月。发布新闻;邀请开闭幕典礼出席嘉宾;现场工作/接待人员规划及招聘;草拟设计大会节目手册;安排贵宾接待事宜;报到处使用规划;确认各项餐饮安排;社交活动表演节目设计。

（6）会前1—2个月。报名截止;与饭店核算已订房数量;现场接待人员工作训练;印刷大会节目手册、与会者名册;检查各项活动/节目/餐饮的安排;检查会场各项准备工作。

第三节　展览活动策划之二:新闻发布会

新闻发布会是主办单位定期、不定期或临时举办的信息和新闻发布活动,直接向新闻界发布信息,解释重大事件。新闻发布会通常有正规的形式,根据发布会所发布的内容精心选择召开的时间和地点、邀请记者、通过大众传播手段迅速将信息扩散给公众。新闻发布会的基本程序是先由发言人发布新闻,然后回答记者提问。由于我国对新闻发布会有申报、审批程序,对企业而言没有必要如此烦琐,所以,企业常常直接把新闻发布会的名字定义为"信息发布会"或"媒体沟通会"即可。

一、新闻发布会的策划

在做新闻发布会策划之前,组织方应该对新闻媒体议程、新闻传播途径、新闻话题设置、公众舆论走向、媒体运作机制有深刻理解。同时,组织方还需要对新闻发布会主体所在行业背景、产业动向、竞争对手传播策略有着透彻的分析和把握。只有具备这些专业知识,组织方才能策划出好的新闻事件,达到好的传播效果。

新闻发布会组织方需要掌握一些新闻发布会的策划技巧,比如,借势当前公众关注的新闻事件,迎合新闻热度,释放相关性话题;结合宏观背景、产业背景、行业背景,为新闻发布会造势,为媒体提供更多新闻由头和报道角度;请明星助阵等等。

举办新闻发布会要避免一些误区,比如,没有新闻的新闻发布会。一些企业并没有重大的新闻,却试图通过新闻发布会来达到宣传目的,但是,没有新闻的新闻发布会造成的后果必定是浪费精力财力,没有任何效果;再比如,新闻发布的主题不清,或者偏离主题,这样的发布会不能够给媒体传递清晰的信息,媒体当然也无法制造有价值的新闻传播。

新闻发布会的策划要点如下。

（1）确定新闻发布会的类型。如政治性的需要严肃感，娱乐性的可以活泼前卫，文化性的需要有文化感和历史感，高科技类的需要显示震撼力等等。

（2）成立筹委会，做好组织、人员保障工作。

（3）确定活动主题，策划活动。包括策划发布会的主题、确定发布会议程、确定参会人员、计划要邀请的媒体等等。

（4）拟定活动策划方案和具体操作方案。活动策划方案是指导整个活动的战略、战术文本；具体操作方案是用于指导整个活动执行的，应该详细、具体。

（5）时间、流程与目标管理工作。时间的控制一般以时间进度表的方式来表现，注意要留有余地，前紧后松。通常以程序框图表现整个活动，使总协调人对于整个活动的各个部分有着清晰的认识，了解工作的关键点和难点。

（6）新闻通稿和相关资料准备。新闻通稿可以选择消息稿、通讯稿、背景材料、重要发言稿、公司宣传册和图片资料。

（7）时间选择、场地落实和现场布置。

（8）现场控制。现场控制是非常重要的环节，首先要做事前排练，其次要有备选方案，再次要注意灵活应变的处理技巧。

二、新闻发布会的媒体邀请

媒体邀请的技巧很重要，既要吸引记者参加，又不能过多透露将要发布的新闻。在媒体邀请的密度上，既不能过多，也不能过少。

邀请的时间一般以提前3到5天为宜，发布会前一天可做适当的提醒。联系比较多的媒体记者可以采取直接电话邀请的方式。相对不是很熟悉的媒体或发布内容比较严肃、庄重时可以采取书面邀请函的方式。

适当地制造悬念可以吸引记者对发布会新闻的兴趣，一种可选的方式是开会前不透露新闻，给记者一个惊喜。"我要在第一时间把这消息报道出来"的想法促使很多媒体都在赶写新闻。如果事先就透露出去，就等于"新闻资源已被破坏"，记者看到别的报纸已经报道出来了，写新闻的热情会大大减弱，甚至不想再发布。因此，在新闻发布会之前，重大的新闻内容都不可以透漏出去。

一些因素会影响媒体接受新闻发布会的邀请，发布会组织方需要重视以下几个方面。

第一，是否对口。不同类型的报纸虽然不是泾渭分明，比如综合性报纸和财经类报纸，有跨行业交叉报道的可能，但是对于大多数记者而言，对口性还是第一要务。

第二，是否有新闻性。中央媒体、全国性媒体和地方都市类媒体在新闻性的判断上是有区别的，在具备一切新闻要素的前提下，中央级综合性媒体更注重报道倾向于大背景、大主题、大角度的切入，而都市类媒体更多从易于被普通百度熟知和接受的小角度切入。因此，公关公司在准备新闻稿的时候，最少要有3个版本，并且新闻素材要更丰富。

第三，主办单位的身份。如果是政府部门举办的新闻发布会，那么很多媒体派记者出席是责无旁贷的，但是，对于商业企业举行新闻发布会，要吸引媒体就只能靠新闻点、知名度，或者给记者提供的便利了。

三、新闻发布会的现场工作

（一）地点

场地可以选择户外（事件发生的现场，便于摄影记者拍照），也可以选择在室内。根据发布会规模的大小，室内发布会可以直接安排在企业的办公场所或者选择酒店。酒店有不同的星级，从企业形象的角度来说，重要的发布会宜选择五星级或四星级酒店。为了体现权威性，可在人民大会堂等权威场所举行（由于审核程序繁琐，企业可委托专业策划公司全程策划筹办）。

酒店有不同的风格，不同的定位，选择酒店的风格要注意与发布会的内容相统一。还要考虑地点的交通便利与易于寻找，包括离主要媒体、重要人物的远近，交通是否便利，泊车是否方便等。

（二）席位

新闻发布会现场席位的摆放方式一般是主席台加下面的课桌式摆放。需要事前确定主席台人员并摆放席卡，以方便记者记录发言人姓名。摆放原则是"职位高者靠前靠中，自己人靠边靠后"。

很多会议采用主席台只有主持人位和发言席，贵宾坐于下面的第一排的方式。一些非正式、讨论性质的会议是圆桌摆放式。摆放"回"字形会议桌的发布会也出现较多，发言人坐在中间，两侧及对面摆放新闻记者座席，这样便于沟通。同时也有利于摄影记者拍照。另外，需要进行席位的预留，一般在后面会准备一些无桌子的座席。

（三）道具

新闻发布会现场最主要的道具是麦克风和音响设备。如果需要做内容展示，则还需要投影仪、笔记本电脑、连线、上网连接设备、投影幕布等，相关设备在发布会前要反复调试，保证不出故障。

新闻发布会现场的背景布置和外围布置需要提前安排。如果发布会在酒店举行，一般在大堂、电梯口、转弯处有导引指示欢迎牌，事先可请好礼仪人员迎宾。如果是在企业内部安排发布会，也要酌情安排人员做记者引导工作。

新闻发布会背景板主要衬托出会议主题，一般新闻发布会主要采用高清晰写真布，这种材料因为无异味、不反光和高清晰的特点，所以对新闻发布会的现场气氛营造和媒体摄像都大有好处。

（四）资料

新闻发布会需要准备提供给媒体的资料，一般以手提袋或文件袋的形式装载资料，所有资料需要整理妥当，按顺序摆放，在新闻发布会前发放给新闻媒体。一般来说，资料内容应包括：①会议议程；②新闻通稿；③演讲发言稿；④发言人的背景资料介绍；⑤公司宣传册；⑥产品说明资料；⑦有关图片；⑧纪念品；⑨企业新闻负责人名片；⑩空白信笺、笔等。

（五）发言人

新闻发布会是公司要员同媒介打交道的一次很好的机会，值得珍惜。代表公司形象的

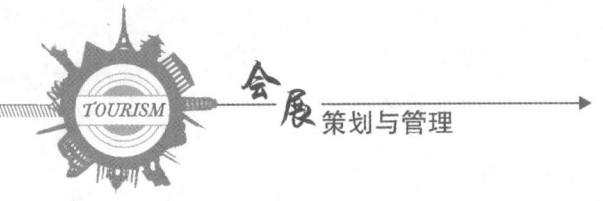
新闻发言人对公众认知会产生重大影响。如其表现不佳,公司形象无疑也会令人不悦。新闻发言人一般应具备以下几个方面的条件:①新闻发言人应该在公司身居要职,有权代表公司讲话;②良好的外形和表达能力,发言人的知识面要丰富,要有清晰明确的语言表达能力、倾听的能力及反应力、外表包括身体语言整洁、大方得体;③执行原定计划并加以灵活调整的能力;④有现场调控能力,可以充分控制和调动发布会现场的气氛。

（六）提问

在新闻发布会上,通常在发言人进行发言以后,有一个回答记者问题的环节。可以充分通过双方的沟通,增强记者对整个新闻事件的理解以及对背景资料的掌握。有准备、亲和力强的领导人接受媒体专访,可使发布会所发布的新闻素材得到进一步的升华。

在回答记者问题时,一般由一位主答人负责回答,必要时,如涉及专业性较强的问题,由他人辅助。发布会前主办方要准备记者答问备忘提纲,并在事先取得一致意见,尤其是主答和辅助答问者要取得共识。

在发布会的过程中,对于记者的提问应该认真作答,对于无关或过长的提问则可以委婉礼貌地制止。对于涉及企业秘密的问题,有的可以直接、礼貌地说它是企业机密,一般来说,记者也可以理解,有的则可以委婉作答,不宜采取"无可奉告"的方式。对于复杂而需要大量解释的问题,可以先简单答出要点,邀请其在会后探讨。有些企业喜欢事先安排好媒体提问的问题,以防止媒体问到尖锐、敏感的问题,但建议不宜采取。

 拓展阅读 改变活动管理的 17 项技术发展趋势

1. 面部识别

面部识别会对参与者管理产生影响,包括安全、注册、登记、人流管理。由于这项技术涉及活动管理中许多具有挑战性的问题,因此它成了活动管理专业人士的优先考虑事项。

2. 优化赞助

在线营销使得赞助商关注对每一美元投资的回报计量。一些技术开始为赞助商提供信息,以证明投资回报率。

3. 非侵入式跟踪

智能跟踪工具可以策略性地放置在需要加强测量的区域,用来采集非侵入性的、匿名的和可靠的数据。

4. 虚拟礼宾服务

虚拟礼宾技术可以帮助专业人士节省雇佣额外临时员工的费用。虚拟礼宾服务工具可以快速地回答来宾问题,并产生一个更快的解决方案,并能让信息挖掘具有挑战性。

5. 影响者营销技术

影响者营销是 2018 年较受欢迎的营销策略之一,它是需要技术支持较多的营

销策略之一。影响者营销技术可以用于网络营销平台。

6. 信息反馈

聊天机器人市场正在快速成熟,它们是持续的信息反馈渠道。它们为与会者提供了一个安全的环境,与会者在聊天窗口中表现得比在真人面前更诚实,它们可以在活动的任何阶段收集互动信息。

7. 客户关系管理技术

为客户进行体验定制是活动管理专业人士的永远的追求。活动管理技术的发展使得这个追求变得可实现,技术可以完成基于细节的个性化设计和更准确的活动管理定位。

8. 充电站营销情报

我们生活在智能手机电池危机中,研究显示,当电量接近5%且没有移动电源时,人们会感到焦虑。提供充电站可以让管理者利用这个机会改善与会者的体验,还可以根据使用情况获取营销情报。充电站还提供了品牌和赞助消息传递的机会。

9. 语音识别

无论是常规移动应用还是聊天机器人,语音都将是获取信息或提供反馈的更快捷的切入点。活动管理对时间敏感需要速度,语音识别技术的应用使得现有的很多应用基础设施都将依赖语音。

10. 360度视频直播

实时360度视频,许多人称之为"虚拟现实"。它使用技术打破障碍,为活动管理专业人士创造新的机会。利用这项技术,活动参与者将获得全新的体验。

11. 实时反馈技术

实时反馈技术旨在提供实时反馈,获得分析、营销的机会。该类技术包含的工具使得活动管理专业人员能够快速地对活动中发生的事情采取行动。大多数活动管理技术强调事前和事后管理,却忘记了解决问题或利用机会常常发生在活动期间。

12. 共享经济

虽然优步、Lyft和Airbnb等服务越来越多地关注活动行业,但它们仍然是B2C服务,与活动行业的内在发展关系不大。但是,一些共享经济模式可以在活动管理领域内推广,促进活动行业内部发展,比如场地共享资源。

13. 贸易展技术

贸易展的参与者和赞助商正在流失,他们不相信贸易展的承诺,大规模转向投资于自己的活动。参展商和赞助商需要切实的投资回报率。因此,贸易展比以往任何时候都更需要具有可量化性的技术,进行真实、坚实的数据收集,向参展商和赞助商呈现更简单、直观的数据,使得他们理解贸易展带来的价值回报。

14. 利用群体思维

调动群体力量来参与活动内容安排和服务提供已经被呼吁十多年了。专业人士采用了很多关于内容制造而非共同创造的技术,必须指出的是,群众的智慧被那

些感受到挑战的活动管理专业人士忽视。应允许与会者做出决定,让活动管理专业人员的角色发展成为一个促进者而不是一个策划者。

15. 空座位应对技术

活动专业人士将通过二级票务市场来解决空座位问题。空座位对艺术家和表演者造成伤害,也会对参会者带来负面影响。实时分析和报告门票销售的智能技术提供了解决方案,它们可以向活动策划者反馈关于门票销售情况,并提供受控的二级票务市场。

16. 可触摸技术

离线可触摸的技术正在掀起波澜。我们利用离线触摸的技术创造了人们与现实世界中的对象交互时所需的连接。可触摸的技术解决方案可以吸引五种感官,消除大脑自身回声室造成的注意力分散。利用可触摸技术,活动参与者会以全新的方式参与到活动中。

17. 应对多样性

多样性仍然是活动管理中一个非常现实的问题,它使标准化的活动管理很困难。但是,各种活动管理技术团体聚焦在一起,为活动管理专业人士提供工具来解决这个问题。从在线承诺到多元化计算,我们正在目睹活动管理技术领域进行着开创性的发展。

84

 本章小结

展中活动可以使展览会的贸易、展示、信息交流与宣传功能更为完善,因此展中活动成为展览会重要的组成部分。展览组织方应该多策划各种活动,从各个方面丰富展览会的内容。

展中活动的类型多样,活动的目的也各有侧重。展中活动的成功与否很大程度上取决于活动前的策划。活动策划的基础知识包括确定活动理念的"5W"、活动策划的整合思想、活动设计的"5E"原则等等。

会议是展览中的一个重要组成部分,策划与组织高水平的会议是一项复杂而细致的工作。新闻发布会也是展览中常见的活动形式,组织方需要掌握一些新闻发布会的策划技巧。

 关键概念

展中活动　展览功能　活动策划　新闻发布会　会议策划

 复习思考题

1. 展览具有哪些功能？不同类型的展中活动对完善展览功能有什么作用？

2. 你了解哪些有助于展中活动设计的策划知识？

3. 会议在展览中具有什么样的作用？会议策划的流程是什么？

4. 新闻发布会的策划应注意哪些问题？

第八章 →

展览服务外包与供应商管理

学习目标

- 理解展览服务外包的相关理论。
- 掌握对展览服务供应商的管理。
- 理解展览服务外包的风险和风险控制。

案例引导

　　我国会展业早期是以政府主导为主,政府机构作为主办方,主要把控展会的总体方向和思路,展会的具体运作通常交给专业的会展公司。这样一来,展会的主办方就成为会展业服务外包最早的发包方,专业的会展公司就成为会展服务外包中的承包方。

　　随着旅游、酒店、休闲娱乐等现代服务业的发展,会展交通、会展住宿、会展旅游等公司成为会展业服务外包的重要力量。一些大型展会的组织方会把参展商、专业观众以及重要嘉宾的交通、住宿等接待工作,交给专业的公关公司、旅行社等统一安排。

　　会展产业不断快速发展,当其发展到一定阶段,对专业化、精细化提出更高的要求,会展业服务外包的内容不断延伸。首先是会展服务中一些既要求技术支撑又要求资金铺垫的业务,例如展台搭建、物流运输、会展设备等,相继外包出去。专业的会展设计与搭建、会展物流、会展视听服务等公司应运而生。这些专业公司不但成为会展产业链上的重要部分,也是会展服务业专业化、精细化的重要体现。

展览涉及的服务内容繁多,既包括发生在展览现场的展位搭建、展品运输、保安、清洁等专业服务,也包括餐饮、住宿、交通、旅游等相关的配套服务。随着展览业的迅速发展,展览业分工也越来越细,组展企业更加注重培育其核心竞争力,对于非核心竞争力不强的业务采用外包的方式,转移给专业的服务公司来完成。

第一节 展览服务外包的理论分析

一、展览服务外包的动因理论

服务外包理论主要源于亚当·斯密的分工理论、大卫李嘉图的比较优势理论、核心竞争理论、供应链管理理论。业务外包就是在上述理论的基础上,利用价值链的方法将企业的经营业务拆分为核心业务和非核心业务,并将非核心业务外包出去,以达到集中企业的人力、财力和物力从事企业核心业务,从而增强企业的核心竞争力。

（一）分工理论

亚当·斯密认为劳动分工和合理组织能够使生产专业化、标准化和简化的趋势。业务外包可以看作劳动分工的延伸,是整个社会范围内合作与分工的产物。企业把部分业务外包给外部的服务商,使得进行业务外包的企业和接受业务的外包服务商都集中于其占有绝对优势的业务,双方因此都享受到了绝对利益,并简化了管理的复杂性,还有助于提高各自的专业化生产率。

（二）核心竞争力理论

所谓核心能力是指组织中的积累性学识,特别是关于如何协调不同生产技能和有机结合多种技术流的学识。核心能力是一组技能和技术的集合,当企业能够比竞争对手更好地使用这种能力完成某项工作时,企业就拥有一定的竞争优势。核心竞争力理论的基本思路就是,把企业的业务集中在企业最具有竞争优势的部分,把经营的重点放在企业优势最大的价值链环节上,而其他一些必需的但不具有竞争优势的业务则通过与外部合作的方式来进行,最终实现企业利润的最大化。该理论认为,企业需要确定自己的核心业务和非核心业务;还提出了"外包"这个词,外包就是把一些重要但非核心的业务交给外部的供应商去完成。

（三）供应链管理理论

供应链是指产品生产完成需要经过许多个厂家,包括供应商提供原材料、制造商进行产品生产,销售商完成商品的销售,这些厂家形成了一个链状的供需关系。供应链管理理论的核心是,在保持一种稳定而有活力的供需关系的同时,对整个供应链中的参与组织的物流、信息流和资金流进行计划、协调与控制,其目的是通过提高所有过程的速度和确定性,最大化所有过程的净增加值,提高组织的运作效率和效益。所以,供应链不仅仅是一条连接供应商与用户的物料链,而是一条增值链,通过各个企业间实现优势互补、互利合作,联合面对竞争,实现利润最大化。

（四）木桶理论和长板理论

木质的水桶由许多块木板箍成,盛水量由这些木板共同决定。木桶原理指出,木桶最大盛水量是由组成木桶的最短的桶板决定的,要增加木桶的盛水量,必须将短木板加长。企业的竞争优势状况就符合这个原理,每个企业都有自己的强项和弱项,但企业的竞争能力是由所有生产要素中最薄弱的要素决定的,由于薄弱要素的限制,企业的强项发挥不出来,这时业务外包是一种很好的解决方案。它将企业的这个"桶"打散,将那些"短板"抽出,经过相对成本比较后,选择合适的合作伙伴,由外面的"长板"所代替,然后将自己和外面提供的所有长板捆绑在一起,最终提高木桶的容量。木桶理论和长板理论是企业系统化运作的形象描述,它提醒企业不要让自己毁在最短的一块木板上,而是应该让最长的一块木板来带动企业整体的提高。

二、服务外包的战略决策

企业的业务外包是一个战略决策过程,在决策过程中有三个决定要素:技术通用性(x)、生产计划确定性(y)、外包市场成熟度(z),由这三个要素可以创建一个三维的"外包战略决策模型"来完成外包战略决策(见图8-1)。在决策的过程中,每项外包业务根据其三个要素的重要程度不同分布在决策模型的不同位置,意味着要采用不同的策略。落在1模块区域中的业务其市场化程度高、所涉及的技术通用性和生产计划的确定性都是很高的,是最适合外包的模块,称为"理想外包模块"。落在2模块区域中的业务,其市场化程度、所涉及的技术通用性和生产计划的确定性都很低,外包的风险很高,同时收益会很低,所以企业应采用纵向一体化的战略,自主管理这部分业务,称为理想纵向一体化模块。落在3区域的业务特点是,它们在实施外包过程中将同时存在有利的方面和不利的方面,在外包决策过程中"理想外包模块"和"理想一体化模块"是少数,而大多数情况是同时存在外包有利因素和外包不利因素。

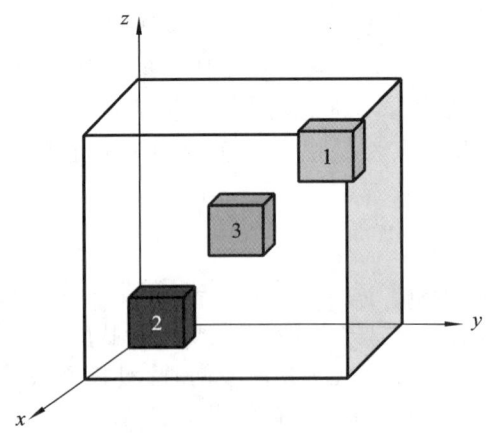

图8-1　外包战略决策模型

（一）外包市场成熟维度

一个相对完整的外包市场应该包括服务供应商、外包对象、发包商企业和外部政策环境。从发包商企业角度来看,外包市场的成熟度主要受外包政策环境和外包服务供应商两方面因素的影响。

外包政策环境对企业的外包行为具有直接的约束力,若企业所处的行业包含的业务大量涉及具有知识产品保护的技术或者设计方案,即使企业有意将自己的业务外包,且服务供应商也有能力承接,但是国家法律或行业规范不允许该项商业行为,或涉及国家机密,或涉及对外政策壁垒,或涉及技术壁垒,都将为外包业务带来极大的阻碍和风险。

企业的业务外包需求由外包服务供应商来满足,服务供应商的数量和质量决定了外包需求的满足程度。外包服务供应商的数量、规模、技术水平、服务质量,以及与上级供应商的关系都反映了服务供应商的供应能力。

（二）技术通用性维度

技术通用性是指提供外包服务所需要的各种资源,如技术、设备、人员等是具有广泛的适用性,还是只能适用于某项专门的作业。这个维度直接反映了外包策略的选择,一般来说,如果外包业务所需资源的专业性强,为了避免对服务供应商的依赖性过强风险过大、外包中的转换成本过高,企业应该采取自购专业设备、自聘专业工程师来完成;反之,则应采取外包的模式来完成。

（三）生产计划确定性维度

发包企业的管理水平和对未来产品预测的准确性决定了生产计划的确定性。产品更新换代、工艺的不断优化、订单的获得和取消,以及整个外包市场需求波动等因素也会影响生产计划的确定性。发包企业对未来生产计划的预期缺乏稳定性,会导致和供应商之间频繁的交易,从而增加了交易成本和交易风险,并且服务供应商也难以通过准确的生产计划来降低成本。所以,生产计划的确定性有利于企业进行业务外包,面对来自企业内部和外包的不确定因素,企业需要采取不同的应对方式来保证生产的有序,才能保证业务外包成本的经济。

三、展览业的服务外包选择

哈佛大学商学院教授迈克尔·波特于1985年提出了价值链的概念,"每一个企业都是在设计、生产、销售、发送和辅助其产品的过程中进行种种活动的集合体。所有这些活动可以用一个价值链来表明"。企业的价值链在创造价值的过程中,并不是每一个环节都创造价值。企业所创造的价值,实际上来自企业价值链上的某些特定的价值活动。这些真正创造价值的经营活动,就是企业价值链的"核心环节"。企业在竞争中的优势,尤其是能够长期保持的优势,说到底是企业在价值链某些特定的核心环节上的优势。

企业对价值链的管理要适应不断变化的客户需求和日益激烈的市场竞争,应该不断分解企业的价值链结构,通过剖析企业的工作流程、组织结构、管理制度和核心竞争力等几个主要的企业管理要素和其相互间的关系,确定企业的核心环节和非核心环节。在有限资源的约束下,任何企业都必须在它的价值链管理上做出选择,从自己的比较优势出发,选择出适合自己的环节培育核心竞争优势,将非核心环节外包出去。社会分工越来越细致,价值链的不断分解使市场上出现了许多相对独立的具有优势的环节,这就为企业将非核心环节外

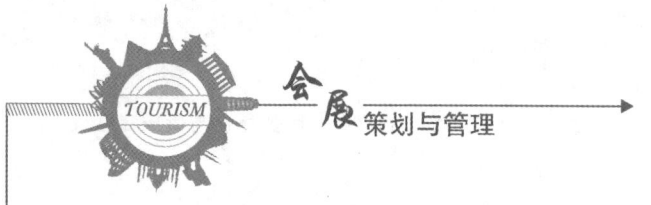

包出去创造了条件。外包服务供应商的价值链与企业的价值链有着密切的联系,企业的非核心业务正是外包服务供应商的核心业务。

组展企业为了专注于核心业务的经营,集中资源提升核心业务竞争力,而往往将非核心业务外包出去。核心业务是企业投入资源最多、对企业存亡具有关键性作用的业务,往往也是企业擅长的,能创造高收益、有发展潜力和市场前景的业务;而非核心业务围绕着核心业务,对企业的战略性相对较低,对企业竞争优势的影响相对较弱。组展企业常见的外包项目有建筑工程、展示工程、装饰工程、物流服务、设备租赁、人力资源、场馆运营、安全保卫、活动公关、法律服务、餐饮服务、商务服务、标识系统设计、文艺演出、办公用品、酒店住宿、信息技术、新闻宣传、展览会代理(招展、观众组织、招商)、其他。

第二节　展览服务供应商的管理

展览服务供应商的管理是指展览企业将举办展览的非核心服务以商业的形式打包给外部企业去执行,从而对供应商进行选择、关系维护、控制、考核等全过程。

一、供应商调查

供应商调查的流程如下。

(1)对每项外购产品或服务,由采购部经市场调研后,各提出5—10家候选供应商名单。

(2)公司成立一个由采购、质管、技术部门组成的供应商评选小组。

(3)评选小组初审候选厂家后,由采购部实地调查厂家,双方协商填调查表。

(4)经对各候选厂家逐条对照打分,并计算出总分排序后决定取舍。

采购方筛选与评定供应商的指标包括如下几个方面。

(1)质量水平。包括物料或服务的优良品率、质量保证体系、样品质量、对质量问题的处理。

(2)交货能力。包括交货的及时性、扩大供货的弹性、样品的及时性、增或减订货的应对能力。

(3)价格水平。包括优惠程度、消化涨价压力的能力、成本下降空间。

(4)技术能力。包括工艺技术的先进性、后续研发能力、产品设计能力、技术问题的反应能力。

(5)后援服务。包括零星订货保证、配套售后服务能力。

(6)人力资源。包括经营团队、员工素质。

(7)现有合作状况。包括合同履约率、年均供货额外负担和所占比例、合作年限、合作融洽关系。

二、与供应商的关系

在采购方和供应商的关系中,存在两种典型的关系模式:一是竞争关系;二是合作性关系或者叫双赢关系。

（一）两种关系模式的比较

1. 竞争关系的特点

（1）采购方同时向若干供应商采购，通过供应商之间的竞争获得价格好处。

（2）采购方通过在供应商之间分配采购数量对供应商加以控制。

（3）采购方与供应商保持的是一种短期合同关系。

2. 双赢关系的特点

（1）采购方对供应商给予协助，帮助供应商降低成本、改进质量等。

（2）通过建立相互信任的关系提高效率，降低交易成本。

（3）长期的信任合作取代短期的合同。

（4）比较多的信息交流。

（二）双赢关系模式的优势

1. 采购方方面

（1）增加对采购业务的控制能力。

（2）通过长期的、有信任保证的订货合同保证满足采购的要求。

（3）减少和消除不必要的对进购产品的检查活动。

2. 供应商方面

（1）增加对整个供应链业务活动的共同责任感和利益的分享。

（2）增加对未来需求的可预见性和可控能力，长期的合同关系使供应计划更加稳定。

（3）业务量保证、质量监督、技术改进有助于供应商的成功。

（三）建立双赢关系模式的要点

双赢关系模式的要点是建立信息交流与共享机制，具体做法如下。

（1）在采购方和供应商之间经常进行有关计划、成本、质量等信息的交流与沟通，保持作业的一致性和准确性。

（2）实施并行工程，即采购方在服务设计阶段让供应商参与进来，这样供应商可以在服务具体设施方面提供有关的支持信息，为计划的顺利实施创造条件。

（3）建立联合的任务小组解决共同关心的问题。在采购方与制造商之间应建立一种基于团队的工作小组，双方的有关人员共同解决服务实施过程中遇到的各种问题。

（4）采购方和供应商经常互访，及时发现和解决各自在合作活动过程中出现的问题和困难，建立良好的合作气氛。

（5）使用电子数据交换和网络技术进行快速的数据信息传输。

三、供应商控制

对供应商及其提供的产品的控制可以利用控制关键点原理（CCP），该原理可表述为：为了进行有效的控制，需要特别注意在衡量工作成效时那些有关键意义的因素。对控制管理方来说，随时注意计划执行情况的每一个细节，通常是浪费时间、精力和没有必要的。他们

应当也只能够将注意力集中于计划执行中的一些主要影响因素上。事实上,控制了关键点也就控制了全局。

控制关键点原理在实践运用中已经开发出了一些有效的原则和方法,常见的如下。

(一)门当户对原则

该原则体现的是一种对等管理思想。在非垄断性货源的供应市场上,由于供应商的管理水平和供应链管理实施的深入程度不同,应该优先考虑规模、层次相当的供应商。行业老大不一定就是首选的供应商,如果双方规模差异过大,采购比例在供应商总产值中比例过小,则采购商往往在生产排期、售后服务、弹性和谈判力量对比等方面不能尽如人意。

(二)供应源数量控制原则

该原则是指实际供货的供应商数量不应该太多,同类物料的供应商数量最好保持在2—3家,有主次供应商之分。这样可以降低管理成本和提高管理效果,保证供应的稳定性。

(三)半数原则

该原则是指从供应商风险评估的角度,采购方应要求购买数量不能超过供应商产能的50%,否则采购商风险较大,因为一旦该供应商出现问题,按照"蝴蝶效应"的发展,势必影响整个供应链的正常运行。不仅如此,采购商在对某些供应材料或产品有依赖性时,还要考虑地域风险,在地域分布上也按半数原则进行管理。

四、供应商考核

展览主办方要对现有供应商的日常表现进行定期的考核,以评价供应商的质量,并为调整供应商管理策略提供依据。

进行供应商考核,首先应建立考核目标。可以以提高供货质量为目标,以降低成本为目标,或者以整体绩效综合评价为目标等。目标确定之后才能对供应商进行考评。

接着需要建立考评小组,组员以来自采购、质量、生产、技术等与供应商合作关系密切的部门的成员为主。评价小组必须同时得到采购方和供应商双方企业最高领导层的支持。

供应商综合评价的指标体系是进行综合评价的依据和标准,根据考评目标不同应建立不同的指标体系。指标体系的确立要注意系统全面性、简明科学性、稳定可比性、灵活可操作性的原则。

评价供应商的一个主要工作是调查、收集有关供应商的全方位信息。在收集供应商信息的基础上,就可以利用一定的工具和技术方法进行供应商的评价了。

考核供应商的方法很多,常见的有:①线性权重法,是指给每一个选择指标分配一个权重,供应商考核的总评分等于各项标准的得分和相应标准的权重的乘积之和。②模糊综合评分法,是指在供应商评价指标体系中,有一些指标如员工素质、团队精神、全面质量管理水平等很难用一个准确的数字来评价,借助于模糊数学可以很好地解决这个问题。该方法根据模糊数学的隶属度理论,从多个指标对被评价事物隶属等级状况进行综合性评判。该方法是一种定性和定量相结合的方法,具有很强的实用性。

对考评的最终结果进行认真分析,包括总体的服务水平、采购成本、现有供货能力与企业要求和目标的差距等。然后对所有这些问题的原因进行分析,提出相应的改进措施,进一步分析改进过程中的制约因素是什么,对这些制约因素应采取什么样的措施。这个过程非常重要,它涉及今后供应商的使用、激励以及与供应商建立何种关系等问题。

第三节　展览服务外包的风险与应对

一、展览服务外包的风险

外包风险是指在外包活动中遭受各种损失的可能性。服务外包给企业带来收益机会的同时也蕴含着较高的风险。有很多因素都影响着服务外包价值的实现,如因代理问题产生的双方目标不一致、信息不对称所导致的逆向选择、接包方的机会主义行为和环境中不确定中的偶发事件。有效地管理服务外包风险,对推动服务外包的成功实施越来越重要。产生服务外包风险的因素具体如下。

（一）信息不对称

由于存在信息的不对称,发包商往往处于一个比服务承包商更为不利的位置,可能遭遇隐藏信息和隐藏行动。隐藏信息是指,由于信息不对称服务承包商比发包商更了解自己的资金、技术实力、人员实力,它们常常会夸大自己的能力,向发包商提供不充分或不真实的信息,这些隐藏的信息可能导致发包商利益受到损害;隐藏行动是指,当服务交由外部的服务承包商管理之后,发包商无法对外包的内容进行直接控制,也得不到来服务承包商工作人员的直接报告,服务承包商可能降低服务水准或增加代理成本。

（二）责任不对等

由于双方在外包交易中的责任不对等,服务承包商失去的至多是工作机会,而发包商则可能失去与外包交易有关的财产投入、时机,或者就算更换服务商也面临适应一个全新的外包协作环境,由此产生"锁定(Lock-in)"风险。服务承包商可以利用"锁定"效应在外包续约谈判中相要挟,发包商将处于要么接受不利的契约条款、要么支付昂贵转移成本的两难境地。在极端情况下,若只有一个服务承包商能够提供服务,发包商则不得不忍受该服务承包商的"敲竹杠"行为。

（三）激励不相容

服务承包商的利益最大化与发包商的利益最大化之间存在不一致甚至是矛盾,所以必然导致一些风险因素的产生,包括不完美承诺、协调风险等等。不完美承诺是指服务承包商和发包商为了追求自身利益的最大化,有可能偏离合同中规定的条款,可能食言或否认自己当初的承诺,这是委托代理关系下固有的机会主义行为,没有任何外包合同可以逃脱此类行为。协调风险是指双方在战略目标、管理理念、企业文化等方面的不同,往往会产生沟通的障碍或误会,导致发包商与服务承包商可能互不信任、相互推诿、相互指责,那么有效的合作将难以持续进行,这将会导致代理成本激增,甚至会导致服务外包最终流产。

（四）契约不完全

契约被用来控制风险,但契约本身也存在风险,其风险具体表现在契约的不完全性上。

93

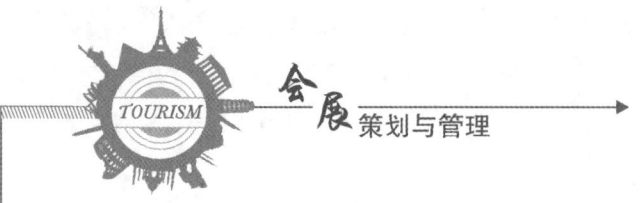

契约是死的,而现实世界是活的,所以现在的契约肯定无法满足企业未来的需要。契约的不完全性主要体现在两个方面:一是由于某些原因,契约无法满足企业未来业务的全部需要,原因主要在于企业的发展速度可能超过原先的预期,或是发包商、服务承包商发生了改变,使得契约适用的环境发生了变化等;二是不确定性因素,不确定性因素指那些事先无法预期的因素,因此在合作执行过程中遇到这些因素时无法从契约本身得到依据。契约的不完全性既增加了外包的事后成本,也助长了服务承包商的机会主义行为,这些都会导致代理成本的上升和代理收益的减少。

二、展览服务外包风险的应对

(一)信息不对称的风险控制策略

对于委托人来说,信息不对称实质上就是信息不完全,要降低或消除信息不对称风险必须从信息的尽可能完全地收集入手。服务外包的风险控制就是利用各方面的力量来帮助发包商获取全面的信息,以降低或消除由于信息不对称引发的各种风险。

(二)责任不对等风险的控制策略

针对责任不对等的风险,可以采取双方共同锁定的办法,比如双方进行专用资产的共同投资,共享收益共担风险。这样的锁定是双向的,如果交易终止,双方都会有很大的损失,若外包双方在谈判中是均势的,双方更愿意保持良好的合作关系。另外,近年来出现了多方外包的概念,是指将不同的业务流程外包给多个服务承包商。比如,将人力资源流程外包给最擅长此道的承包商,将物流外包给另一个承包商,软件开发与维护则又是一个承包商。多方外包主要也是为了避免责任不对等的风险,防止套牢在一个服务承包商上,以达到最佳组合的优势。

(三)激励不相容风险的控制策略

发包商与服务承包商建立起长期的合作性外包伙伴关系,能够有效地降低激励不相容风险。长期的合作伙伴关系是指发包商与供应商之间用长期的信任合作取代短期的合同;双方进行较多的信息交流,在计划、成本、质量等方面进行充分的沟通,保持作业的一致性和准确性;通过建立相互信任的关系提高效率,降低交易成本。这种用双赢关系代替竞争关系,能够有效地解决服务外包中激励不相容的问题,建立合作伙伴关系已成为服务外包的演变趋势。

(四)契约不完全风险的控制策略

外包合同应该全面而详细地规定外包的价格、服务等级、风险发生的责任认定、违约处罚条款等内容,以降低契约不完全的风险。但是,外包双方在服务合同执行过程中发生冲突是不可避免的,为此,双方应该首先建立沟通机制,在服务外包中鼓励沟通可以避免对对方能力和意愿的错误感知,公开的交流有利于相互理解和解决争端。其次,引进第三方顾问,当双方的冲突激烈并且持续时间较长时,可以从组织外部引进专家型的第三方顾问,充当调解和矫正的角色,促进恢复合作的态度,防止冲突的激化。最后,加强服务外包双方的相互学习,有利于双方减少误会、达成共识。

拓展阅读　　管理好数据避免业务风险

为了在这个数据驱动的时代保持竞争力,展览企业必须将其客户数据作为受保护的专有资产。但是,由于构建自己的注册系统和现场票务可能成本高昂且非常耗时,因此很多会议、展览、活动主办方选择了专业平台来完成票务工作。当这些组织者外包票务时,可能就放弃了对客户数据的控制,将原本属于自己的有价值的资产交给了第三方供商。

在美国,这个价值 50 亿美元的票务业由少数票务巨头垄断,领先的平台在 2017 年拥有 80% 的市场份额。热门的第三方票务网站收取的不仅仅是高额佣金,还收集了庞大的数据,包括有价值的客户人口学统计(年龄、性别、兴趣和偏好)、位置、电子邮件地址、财务和交易数据等。

票务经销商通常会限制活动组织方对所收集数据的访问权限。这样一来,活动组织方的客户数据会被票务经销商利用并以此谋取利益。票务经销商可能将数据用于自己的营销目的,或者将数据与业务合作伙伴共享或出售给第三方。当客户数据被重新推销时,它可能最终落到竞争对手的手中,产生很大的隐患。

那么活动主办企业如何才能保持对数据和客户体验的控制呢?业界专家指出,最好的办法还是完全拥有票务流程。组织方通过对客户数据的完全专有访问,能够产生强大的可利用的洞察力,并能将独特的见解应用于自己的营销策略中。

 本章小结

展览业分工越来越细,组展企业为了专注于核心业务的经营,集中资源提升核心业务竞争力,而将非核心的竞争力不强的业务采用外包的方式,转移给专业的服务公司来完成。

组展企业涉及的外包业务通常有展示搭建工程、物流服务、设备租赁、场馆运营、活动公关等等。组展企业需要对供应商进行选择、关系维护、控制、考核等等。组展企业与供应商之间应该建立双赢的合作关系。

服务外包给企业带来收益机会的同时也蕴含着较高的风险,服务外包风险主要有信息不对称风险、责任不对等风险、激励不相容风险、契约不完全风险。组展企业需要有效地管理服务外包风险,推动服务外包的顺利进行。

关键概念

服务外包　核心业务　非核心业务　供应商管理　双赢关系　服务外包风险

复习思考题

1. 什么是服务外包？企业为什么会进行服务外包？
2. 组展企业和展览服务供应商之间应该建立怎么样的关系？
3. 服务外包存在哪些风险？外包企业应该如何应对？

96

第九章

展览服务管理与现场服务

学习目标

- 掌握展览服务的内容、提供原则。
- 理解服务接触、服务质量管理、服务补救。
- 了解展览现场服务的主要内容。

案例引导

吉隆坡会议中心（KLCC）推出新的 ESC（展览服务中心）门户网站，ESC 门户网站允许展览组织者、参展商每周 7 天、每天 24 小时轻松访问和订购各种各样的附加服务。

该中心的副总经理 John Burke 说："参展商通常会通过他们的展览组织方记录他们的出席和展位需求，这涉及许多基于纸张的服务订单和手动数据输入。现在，ESC 门户网站允许展览中心的参展商在他们自己的时间内下订单并在线支付，这样就最大限度地减少了麻烦。这对国际参与者尤其有益，因为他们不必担心时差。"

可在 ESC 门户网站上订购的服务范围包括视听节目、食品和饮料，以及 IT 设备和服务。为参展商提供直接向中心预订的服务，大大减少了展览组织者的工作量，使他们能够专注于改善活动内容和参与活动。这反过来也有利于参展商，"它能让我们的客户更轻松"。

Burke 补充说："最初 ESC 是一个订单门户，在稍后阶段，我们希望扩展到包括通信和协作界面，例如，平面图、订单、合同等都可以在一个地方访问。"

KLCC 称其新门户网站可完全自定义，提供为客户量身定制的链接和登录页面，以满足每个展览组织者的特定活动要求，从而为他们及其参展商提供便捷的访

问和跟踪。该中心相信它还将有助于简化数据录入和支付流程。

除了推出 ESC 门户网站外,KLCC 还推出了一系列举措来优化对展览组织者和参展商的服务。至 2005 年开业以来,该中心已举办了超过 15000 场活动,吸引了超过 2450 万名参与者,为马来西亚带来了超过 80 亿令吉(约 19.6 亿美元)的经济影响。

展览服务贯穿于整个展览的展前、展中和展后各个不同的阶段,包括发生在展览现场的运输、搭建、安保、餐饮等服务,也包括现场之外的住宿、交通、旅游等服务。展览服务水平的高低直接影响了客户对展览企业的评价和合作意愿。

第一节　展览服务的概述

一、展览服务的内容

展览所涉及的服务内容繁多,可以从多个角度对展览服务的内容进行分类。

（一）按服务的对象划分

对参展商的服务,包括通报展会筹备情况、展品运输、展位搭建、展览现场服务、商旅服务、提供贸易信息等。

对观众的服务,包括通报会展信息、招揽合适的参展商、提供行业发展信息、展览现场服务等。

对其他方面的服务,包括对新闻媒体、行业协会、主管部门、国际组织等的服务,对这些服务对象主要是提供信息服务。

（二）按服务发生的时间划分

展前服务,包括展会筹备情况通报、展品运输、参展信息咨询、展示策划等。

展中服务,包括进退场管理、安全保卫、清洁卫生、现场控制等。

展后服务,包括邮寄展会总结、展会成果通报、参展商和专业观众信息处理等。

（三）按服务发生的地点划分

展览现场服务,包括展览现场注册、进出馆管理、安全保卫管理、展台管理、展品的安全保卫等。

展览现场之外的服务,包括住宿、交通、旅游、保险等。

（四）按提供服务的主体划分

面对多种多样的展览服务内容,有些服务是由展览主办企业自己直接向客户提供,也有大量的服务是由展览企业委托服务承包商来向客户提供,比如展览运输由专业运输公司承担;展台的设计与布展由专业的设计与搭建公司承担;展览现场活动由专业活动策划公司操办;现场安保由场馆方承担等。

二、展览服务的提供原则

(一)树立服务意识

会展企业要树立服务意识,按照市场化、商业化、专业化的要求来进行服务运作。在完成展商招展以后,展览如期召开期间,会展企业仍然应以服务客户的形象出现,比如客户服务中心应帮助参展商、采购商解决各种具体问题,包括投诉。会展企业只有通过优质的服务形成固定的客户群,才能在激烈的会展业竞争中立于不败之地。

(二)展览服务的专业化

展览企业要树立服务意识,按照专业化的要求来进行服务运行。一些优秀的展览企业已经意识到展览服务流程规范化、标准化的重要意义,创立了有关展览工程、展览销售、展览场服务等的规范体系,并对员工进行专业培训,使其获得专业服务的方法和能力,因而为很多大型展览会提供了一流、高效的展览服务。

(三)选择合适的服务标准

展览企业应该选择合适的服务标准:①承诺服务。展览企业对自己拟向客户提供的服务内容和服务质量等向客户做出承诺,然后严格按照承诺向客户提供服务。②标准化服务。展览企业对各种服务制定统一的标准,然后严格按照标准向客户提供规范的标准化服务。③个性化服务。展览企业根据各个客户的不同需求,提供适合其需求的有差别的服务。

(四)保持服务竞争优势

展览企业可以通过集中若干竞争优势,将自己的服务与竞争者的服务区别开来。展览企业的服务竞争优势可能是成本优势,即能够以比竞争对手低的成本来提供同等质量的服务,这意味着企业可以制定更低的价格来吸引客户;也可能是差别化优势,即展览企业提供的服务与竞争对手的服务不同,能够树立起一些在全行业范围中具有独特性的服务;还有可能是专一化优势,即展览企业主攻某个特殊的顾客群、某一个地区市场或某一细分题材等。

99

知识链接　　　　制作展览服务手册

在组展过程中,组展企业应为每家参展商提供一本优质的会展服务手册。这本服务手册的制作既要有吸引力,又要通俗易懂,还要标准规范。首先,不要把会展服务手册的读者当作会展界高手,要把他们想象成初入展览大门的新人,把一切可能想到的问题和解决方案都写进去;其次,要及时和各方面沟通,了解本届展览会服务的新变化;最后,会展服务手册应该具有查询方面的功能,可读性强。这样既完整又易查,可以节省会展工作人员和参展商的时间,减少摩擦。

会展服务手册主要包括以下几个方面的内容。

（1）展览内容方面。包括展览的中英文名称、展览举办城市及场馆的名称；展览日期，包括进场、出场日期；展览承包商名字、地址、电话、传真或其他相关承包商；详述展位租金付款方式（如果需要，提供材料和服务的程序）；相关规定；描述展览的内容等。

（2）订购单方面。包括正式合同信息、展位承包公司名称和其他指示标志、家具租借、装潢和地毯、运输、安置和拆除劳工、电力、消防、展位清理等。

（3）其他相关服务方面。包括邀请函、配套宣传策划、住宿及行程安排、交通、视听设备、摄影、花艺、盆景租借、呼叫装置、模特现场展示或接待等。

第二节　服务运营管理

展览服务是展览经营的重要内容，展览企业必须重视展览服务的管理，才能推动展览的长远发展。

一、服务接触

（一）服务接触的概念

顾客与服务提供者之间存在一系列的互动关系，这种互动关系决定了顾客头脑中对服务质量优劣的评价，这种顾客和服务提供者之间的互动被称为服务接触，也称为关键时刻或真实瞬间。

从顾客的角度来看，一项服务在服务接触或是"真实瞬间"中能够给其带来最生动的印象。例如，参展商在会展企业所经历的服务接触包括登记参展、获取展前信息、展中服务、展后服务等等，顾客通过这一系列的服务接触，最终决定了该会展企业在顾客心目中信誉的好坏。

作为服务提供者的企业，由于关键时刻对获取高质量的声誉起着至关重要的作用，许多企业摒弃把与顾客接触的员工置于组织结构最底层的传统做法，而将其放在组织结构的顶端，组织中每个员工的职责是为这些一线员工服务，后者直接为顾客服务。改变组织结构图表明对顾客满意的关注，同时也是对关键时刻管理的重视。

（二）服务接触的分类

顾客与服务企业相联系的任何时刻都可能发生服务接触。通常来说，服务接触可以分为以下三大类。

1. 远程接触

接触可能并不是发生在人与人之间，例如顾客通过自动售票机与售票处的接触，通过网络系统登记注册等等。在这些远程接触中，虽然没有直接的人与人之间的接触，但是对于公司来说，每一次接触都是增强客户对公司质量看法的机会。在远程接触中，有形服务与技术过程和系统的质量成为判断整体质量的主要标准。

2. 电话接触

在很多组织中，顾客与企业之间接触的常规形式是电话接触，比如会展企业在展前对参展商、观众的营销,常规调查等等都存在电话接触。在电话接触中对质量的判断与在远程接触中不同,在电话接触中服务的变量更多,比如接电话的语气、雇员的知识、处理问题的能力成为这类接触中判断质量的重要因素。

3. 面对面接触

在这类接触中,决定和理解服务质量问题是最为复杂的。在决定服务质量的时候,提供服务的员工行为和语言非常重要,员工服装和服务标志(如设备、设施环境等)也很重要,甚至顾客通过互动行为也在为自身创造高质量的服务中扮演重要角色。

(三)服务接触成功的因素

服务接触成功的因素如表 9-1 所示。

表 9-1　服务接触成功的因素

顾客服务提供者	人	机器
人	• 雇员选择 • 员工人际交往技巧 • 合适的环境 • 良好的技术支持 • 员工信任	• 简单的用户界面 • 顾客确认 • 交易安全 • 操作简单 • 必要时可以使用人
机器	• 容易进入 • 快速响应 • 交易确认 • 远程监控	• 硬软件兼容 • 能力跟踪 • 自动确认 • 交易记录 • 自动防故障装置

在互联网时代,服务供应商越来越多地采用技术(机器)替代人来为顾客提供服务。比如几乎所有的组展企业都会为其顾客构建一个网站,引导顾客通过网站进行注册、活动预约、搜寻信息、咨询、缴费等等。展览网站就属于一个机器对人提供的服务,要让这项服务接触成功,组展企业需要将网站设计得简洁明了,符合人们的阅读习惯,能够有效引导参展商、观众或媒体的浏览访问,并最终做出组展方所预期的行动。

二、服务质量管理

服务质量是顾客对特定服务所感知的质量。在服务业中顾客对服务质量的评估是在服务传递过程中进行的。每一次顾客接触都是一个使顾客满意或者不满意的机会。

(一)服务质量的构成

顾客感知服务质量包括以下两个部分。

1. 技术质量

技术质量是顾客在服务过程结束后的"所得"。顾客从他们与服务企业的活动关系中所得到的东西对于评价服务质量具有重要的意义。在服务管理中又称其为结果质量。通常,

顾客对结果质量的衡量较为客观,因为结果质量牵涉的主要是技术方面的有形内容。但这只是服务质量的一部分。

2．功能质量

顾客接受服务的方式及其在服务生产和服务消费过程中的体验,都会对顾客所感知的服务质量产生影响,这就是服务质量的另外一个组成部分,被称为功能质量。这个部分与服务接触中的关键时刻紧密相关。

（二）服务质量维度

顾客对感知服务质量的评价包括多个要素。经过实践部门总结,包括机械修理、银行、长话服务、证券经纪人和信用卡服务等部门,提升顾客感知服务质量有以下五个基本方面。

1．可靠性（Reliability）

可靠性是指准确可靠地执行所承诺的服务。可靠性意味着公司按照其承诺行事,公司的第一次服务要及时、准确,并在指定的时间内完成服务。

2．响应性（Responsiveness）

响应性是指帮助顾客并迅速提供服务的愿望。强调在处理顾客要求、询问、投诉问题时的专注和快捷;让顾客等待,特别是无原因的等待会对顾客感知带来不必要的消极影响。对速度的需求,已经成为评价优良顾客感知服务质量的代号,快速地回应也是与顾客交易理应具备的要素。

3．安全性（Assurance）

员工的行为能够增强顾客对企业的信心,同时让顾客感到安全。员工要有诚意以及解决顾客问题所必须具备的知识和技能。它包括可信的名称、良好的声誉、训练有素的员工。

4．移情性（Empathy）

设身处地为顾客着想,并对顾客给予特别的关注。移情性的本质是通过个性化的或顾客化的服务使每一个顾客感到自己是唯一的和特殊的。移情性有下列特点:具备接近顾客的能力、敏感性和有效地理解顾客需求。

5．有形性（Tangibles）

服务的有形性是指服务机构有策略地提供服务的有形线索,帮助顾客识别和了解服务。服务的有形线索是服务过程中能被顾客直接感知和提示服务信息的有形物。比如,现场的环境布置、服务设施、服务人员及宣传资料等的印象。

（三）服务质量评价

实际上顾客对服务质量的感知是很复杂的,在很大程度上是顾客主观意志的产物,顾客实际所接受的服务并不能决定感知质量的好坏,真正的服务质量满意度是服务期望与服务感知之间进行的比较。以下就探讨服务期望与服务感知之间的比较,这一比较的理论基础就是"服务质量差距模型"。

在研究"服务质量差距模型"之前首先要明确服务感知质量的概念。1982年,瑞典著名服务市场营销学专家克·格鲁诺斯提出顾客感知服务质量,认为顾客对服务质量的评价过程实际上就是将其在接受服务过程中的实际感觉与他接受服务之前的心理预期进行比较的结果;如果实际感受满足了顾客期望,那么顾客感知质量就是上乘的;如果顾客期望未能实现,即使实际质量以客观的标准衡量是不错的,顾客可感知质量仍然是不好的。

"服务质量差距模型"(见图9-1)是20世纪80年代中期到90年代初,美国营销学家帕拉休拉曼、赞瑟姆和贝利等人提出的,该模型是专门用来分析质量问题的根源。顾客差距是指顾客期望与顾客感知的服务之间的差距(差距5),这是差距模型的核心。要弥合这一差距,就要对以下四个差距进行弥合。

差距1:管理者理解差距。该差距是指顾客期望与管理者对这些期望的感知之间的差距。差距产生的原因是管理者对顾客如何形成他们的期望缺乏了解。缩小这一差距的战略包括改进市场调研、增进管理者和员工间的交流、减少管理层次、缩短与顾客的距离。

差距2:质量标准差距。该差距是指服务质量标准与管理者对质量期望的认识不一致而产生的差距。差距产生的原因是管理层没有设置一个能满足顾客期望的服务质量指标并将其转化到工作中。解决的措施是管理层重视服务质量,设定目标和服务传递工作标准化。

差距3:服务传递差距。该差距是指服务生产与传递过程没有按照企业所设定的标准来进行,没有达到管理层制定的要求。产生差距的原因错综复杂,可能是标准太复杂或太苛刻、员工对标准有不同意见、服务生产管理混乱、技术和系统没有按照标准为工作提供便利等等。针对不同的原因需要采取不同的措施予以化解。

差距4:服务沟通差距。该差距是指服务企业在宣传中所作出的服务承诺与企业实际提供的服务不一致。要缩小这个差距,服务企业需要做到:第一,在市场沟通中的承诺要更加准确和符合实际;第二,外部营销活动中做出的承诺能够做到言出必行,避免夸夸其谈所产生的副作用。

103

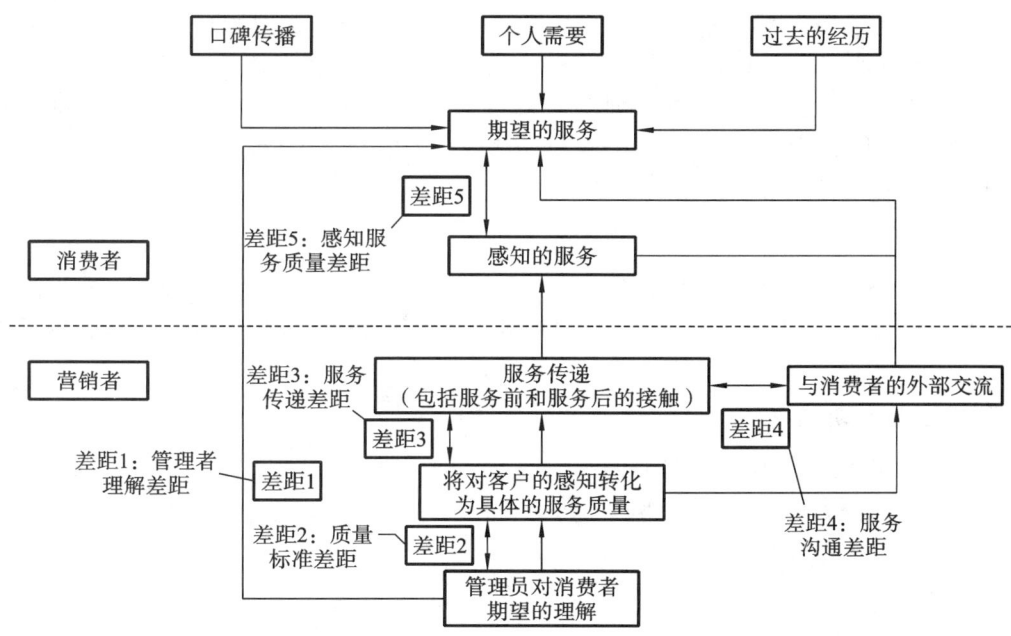

图9-1　服务质量差距模型

三、服务补救

所谓服务补救,是指服务性企业在对顾客提供服务出现失败和错误的情况下,对顾客的不满和抱怨当即做出的补救性反应。其目的是通过这种反应,重新建立顾客满意和忠诚。

在提供服务的过程中,即使最优秀的企业也不可避免出现服务的失败和错误。这是因为:第一,服务具有差异性,即服务产品的构成成分及其质量水平经常变化,很难界定。在大多数情况下,服务过程毫无担保和保证可言,服务产品的质量通常没有统一的标准可以衡量,服务质量具有不可确定性。第二,服务具有不可分离性,即生产者生产服务的过程就是消费者消费服务的过程,消费者有且只有加入生产服务的过程少才能最终消费到服务。由此,企业服务的失败和错误是很难对消费者隐藏和掩盖的。第三,有的服务失败和错误是由企业自身问题造成的,如由于员工的工作疏忽将一间空房同时租给两位顾客。而有的服务失败和错误,则是由不可控因素或顾客自身原因造成的,如飞机因天气恶劣而晚点则是不可避免的。

消费者对企业提供的服务具有较高期望值,服务的失误会使顾客产生不满和抱怨;虽然他们可将不满归咎于不同对象,但企业必须抱有"顾客始终正确"的观念,对顾客的不满和抱怨当即做出反应,即服务补救。服务补救具有现场性和快速性。现场性是指企业必须在服务失误出现的现场,就地进行服务补救。快速性是指企业要尽可能快地进行服务补救,避免由服务失误造成的不良影响扩散和升级。服务补救策略有如下几种。

(一)跟踪并预期补救良机

企业需要建立一个跟踪并识别服务失误的系统,使其成为挽救和保持顾客与企业关系的良机。有效的服务补救策略需要企业通过听取顾客意见来确定企业服务失误之所在。不仅被动地听取顾客的抱怨,还要主动地查找那些潜在的服务失误。市场调查是一种有效方法,如收集顾客批评,监测顾客抱怨,开通投诉热线以听取顾客投诉,有效的服务担保和意见箱也可以使企业发觉系统中不易觉察的问题。

(二)重视顾客问题

最有效的补救就是企业一线服务员工能主动地出现在现场,承认问题的存在,向顾客道歉(在恰当的时候可加以解释),并将问题当面解决。解决的方法很多,可以退款,也可以服务升级。

(三)尽快解决问题

一旦发现服务失误,服务人员必须在失误发生的同时迅速解决失误。否则,没有得到妥善解决的服务失误会很快扩大并升级。在某些情形下,还需要员工能在问题出现之前预见问题即将发生而予以杜绝。

(四)重视员工的权利

对于一线员工,他们真的需要特别的服务补救训练。一线员工需要服务补救的技巧、权利和随机应变的能力。有效的服务补救技巧包括认真倾听顾客抱怨、确定解决办法、灵活变通。员工必须被授予使用补救技巧的权利,当然这种权利的使用是受限制的,在一定的允许范围内,用于应对各种意外情况。一线员工不应因采取补救行动而受到处罚,相反,企业应鼓舞员工们大胆使用服务补救的权利。

（五）从补救中吸取经验教训

服务补救不只是弥补服务裂缝、增强与顾客联系的良机，它还是一种极有价值但常被忽略或未被充分利用的具有诊断性的能够帮助企业提高服务质量的信息资源。通过对服务补救整个过程的跟踪，管理者可发现服务系统中一系列亟待解决的问题，并及时修正服务系统中的某些环节，进而避免不良影响的产生。

知识链接　　在展览现场设置"问询投诉处"

在展览会举办过程中，不可避免地会有个别参展商或观众对场馆的现场管理、餐饮网络等各种配套服务不满意。对于顾客的不满和抱怨应及时处理，做出必要的补救反应。因此，展览主办方应在展览现场设立专门的机构，安排专门的人员来处理各种顾客投诉。例如，在2018年第十九届成都国际家具展上，组委会在西部国际博览城和世纪城新国际会展中心两个场馆的总服务台都设置了问询投诉处，派专人负责回答参展商和观众的问题，受理各种顾客投诉，并对大部分顾客投诉都进行现场处理，这一做法取得了很好的效果。

第三节　展览现场的服务与管理

一、展览现场服务与管理概述

现场是由时间和空间两个要素构成的。从时间上看，展览现场是指准备展览、开展展览和结束展览的整个操作时间段；从空间上看，展览现场是以主办方租用的办展场地为主，也包括其他附属的相关场所，比如拆卸货场地等。所以，展览现场管理与服务是指展览主办方从展前布展、开展，直到撤展的全过程，对进场布展、展览现场、撤展离场的全部活动进行有序协调、监督和管理。

展览现场的很多活动的执行者并不是展览主办企业，而是专业的展览服务商，他们是接受展览主办企业的委托来开展展览活动的。展览主办企业需要与这些服务商进行协调和沟通，比如，与展台搭建商就施工进度和安全、展台与场馆整体协调达成一致；与运输商协同解决展品运输过程中出现的问题；与活动策划公司协调以确保展览现场活动的开展秩序井然等等。

展览现场最大的特点是人流量大、人群密度高、交通流量大，正是由于这些特点，任何展览现场的突发事件都可能产生严重的后果，因此，展览现场必须做好突发事件的预防和处

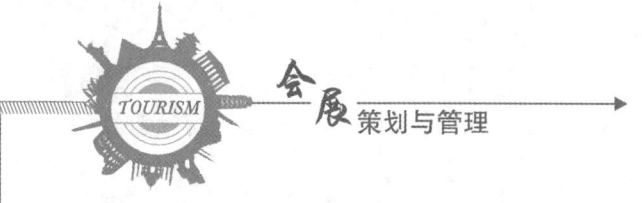

理,这也是展览主办方必须提供的展览服务内容。

展览现场服务的对象包括参展商、观众、新闻媒体、主管部门、国际组织等各类主体,所有这些服务对象在展览现场切实体会到展览服务,由此对展览项目的管理水平、服务质量的高低做出直接的判断,并成为对下届展览会进行选择的直接依据。从这个意义上说,展览现场服务的好坏决定了展览会的成败。

综上所述,展览现场服务与管理的原则是:第一,监控业务链外包服务,确保服务质量;第二,指定专人在专门时间负责专项工作,明确分工,分清职责,责任到人;第三,对于重点工作,实行双重核查制度;第四,对于重要环节,负责人应及早提出注意问题,实时监督;第五,重视对临时人员的短期培训。组展企业应做好展览现场服务与管理,提升参展商、观众及其他参与者的满意度,保证展览会的质量。

二、展览布展管理

展览布展是展览开幕前的现场筹备工作,一般在展览开幕前几天进行。展览主办方对展览布展管理和服务的内容包括以下几个方面。

(一)确定布展时间

展览会的题材不同,布展所需要的时间长短也不同,如大型机械展,布展往往需要一周的时间;而一般消费品类展览布展通常只需二到三天。另外,展品的复杂程度、展览的规模也对布展时间产生影响,通常展品越复杂,展览会规模越大,需要的布展时间就越长。

(二)办理相关手续

根据我国对展览会的相关管理规定,办展单位在组织展览布展前需要到工商、消防、安保和海关等部门办理各方面的报批和备案手续,手续办妥后展览会才能开始布展。另外,如果展馆位于举办城市的中心地带,有些城市还需要办理外地货运车辆进城证件,以方便展品被运送到展览场馆。

(三)展馆功能区布置

场馆一般具有以下功能区:展览区、人流通道、报到处、安检处、商务中心、商洽区、餐饮区、新闻信息中心、现场服务中心等等。展览主办方需要对这些功能区域进行布置,为参展商、观众及其他参展者提供一个良好的现场环境。

(四)现场施工监督和协调

展览主办方需要派出专门人员管理和监督各承建商的现场施工,如现场用电、用水、噪声控制、展位搭建高度、地面承重、搭建材料的防火性能、电线电缆的走向以及其他展位搭建中的问题,避免施工现场秩序混乱、出现安全隐患而破坏展览现场整体规划。

三、展览会证件与门票管理

为了规范展览会入场次序,展览会应该对各种入场人员实行证件管理,只有持有展览会认可证件的人员才能进入展馆。展览会的证件常见的有以下几种。

(1)参展商证。供展览会参展商进出展馆时使用。

(2)布(撤)展证。供展览会布展和撤展期间,承建商和参展商的相关工作人员使用。

（3）专业观众证。供展览会的专业观众使用，需要专业观众填写相关登记表并获得审核通过后领取。

（4）贵宾证。供到会参展和参观的嘉宾使用。

（5）媒体证。供各媒体记者到场参观报道使用。

（6）工作人员证。供展览会的有关工作人员使用。

（7）停车证。供参展商、专业观众和嘉宾在展馆停车场停车使用。

展览会的门票也算一种广义的展览会证件，展览会出售门票，一种原因是为了限制非专业观众进场参观，还有一种原因就是为了增加展览会的收入。但是，不是所有的展览会门票都是需要购买获得的，有些展览会的门票只需要注册登记或扫描二维码关注公众号就可以免费获得。如果展览会出售门票，展览主办方需要事先与当地税务部门取得联系，在获得审批后才可印制和出售门票。

四、安全保卫管理

展览会现场安全保卫工作的重要性不言而喻，展览主办方除了在展前按相关规定投保相应的险种外，在展览现场需要和场馆方密切合作，重视现场安全保卫管理。

（1）成立专门的安全保卫部门。组展方应于展览会举办前至少一个月与场馆方取得联系，协商制定展览会安全保卫工作方案及安全保卫措施，成立专门的保卫部门，并指定专人负责协调落实相关的安全保卫事宜。

（2）通知各参展商对其展览品、贵重物品、个人财产进行妥善保管。通常，参展人员的个人财产应该随身携带，如有需要，应置于柜内上锁保存；展览品、贵重物品如需 24 小时看管，展览主办应尽力安排 24 小时安保值班，但事先双方应就此发生的相关安保费用达成协议。

（3）场馆内严禁各种存在安全隐患的行为，包括随处吸烟、展台私自乱接电源、特装展位用电超负荷、占用防火间距、堵塞消防通道、擅自挪用消防器材等等。

（4）坚持流动的安全保卫巡视，必要时请求当地警方的现场协助。

五、撤展工作管理

展览会的撤展工作发生在展览闭幕之后，但是撤展工作必须提前准备，做好撤展计划和安排，以保证撤展工作井然有序地开展。

（一）展品的处理

撤展是展览活动中现场最混乱的时候，展览主办方要协助参展商做好展品的防护工作。展览结束后，展品可以通过出售、赠送、回运等不同方式来处理，参展企业应根据实际情况选择对自己方便、有利的方式。比如，有些大型机械设备，参展商在作出展出决定时就考虑好处理方式，一般是在确定买主的情况下才将大型设备运到展会展出，展后则由买主来车运走。

（二）展台的拆除

通常撤展时间大约相当于布展时间的一半，而撤展时间中的一多半都会用于拆除展台

107

的工作。由展会主办方统一设计搭建的标准展台由搭建布展单位统一拆除,参展商只需移走展品、清理现场即可;而由参展企业自行搭建布展的展台,拆除工作通常由当时搭建的施工公司负责,委托合同条款对此应有规定。但是,不论哪种情况,参展企业虽不用自己动手拆除展台,但都应参与配合。展览主办方对撤展时间应有严格的规定,参展商不得随意提前撤展,破坏展览现场环境;也不能拖延时间,影响展馆下一场展览的布展。

（三）坚持撤展管理的原则

一些基本的撤展原则包括:撤展人员必须持证进入展馆;严格执行"先撤展品,后撤展台,再清运"的原则,所有施工单位不得在参展商未撤运完展品时进行拆卸展台的工作;撤展期间各种装修材料、展览样品不得堆放在展厅门口或展馆通道上,以免堵塞消防通道;及时将撤展产生的垃圾清理出馆,严禁倾倒污水、污油等污染环境;撤展时不得将展馆的展具、家具等携带出馆;参展商须办理展品离场许可证后,方可携带展品离场;在撤展台的时候,很容易出现展品和展览设施被盗的现象,因此要及时安排保安人员照看展品和车辆运输等等。

六、突发事件管理

展览现场可能会发生一些意想不到的突发事件,展览组织者的素质在突发事件面前将得到真正的检验。展览组织方在突发和经济事件中要扮演领导角色,表现出足够的冷静与魄力,设法做好处理工作。在事前,展览组织方需要列出可能发生的紧急事件,并准备好应急预案。一旦发生突发事件可以按事先设定的措施来处理,避免措手不及。

常见的突发事件包括紧急医疗、饮食卫生、火灾等等。紧急伤病事件随时都有可能发生,举办展览需要对此类突发事件做好应急准备。展览主办方应当通过当地有关机构的协助,建立一个紧急医疗救护系统,确保及时送往医院急救,必要时在展览现场安排医护人员,一旦有紧急病人可以实施现场急救。餐饮卫生也是展览主办方必须重视的问题,一旦出现食物污染或中毒,会对展览形象和主办方声誉产生负面影响,因此,主办方要谨慎选择餐饮合作对象。展览主办方要做好火灾的应对措施,重点检查场馆防火安全设施的配置情况,并有责任告知与会者一旦发生火灾时的逃生步骤以及紧急逃生出口。

知识链接 展览现场服务质量调查问卷(参展商)

为了进一步提高现场服务质量及服务水平,特印发此调查问卷,热切希望您能提出宝贵意见,我们将根据您的意见和建议,不断改进工作质量。感谢您的支持和参与!

1. 您的展位
□特装展位
□标准展位

2. 您对展馆安保措施的评价(请打分,1→5分别表示不满意,比较不满意,中立,满意,非常满意,后同)

不满意(1)——→非常满意(5)

3. 您对展馆标识引导的评价

不满意(1)——→非常满意(5)

4. 您对展馆交通路线管理的评价

不满意(1)——→非常满意(5)

5. 您对展馆停车场的评价

不满意(1)——→非常满意(5)

6. 您对客户服务中心现场服务点工作的评价

不满意(1)——→非常满意(5)

7. 您对展馆餐饮服务工作的评价

不满意(1)——→非常满意(5)

8. 您对展馆卫生环境的评价

不满意(1)——→非常满意(5)

9. 您对展馆防盗工作的评价

不满意(1)——→非常满意(5)

10. 您对展馆空调服务质量的评价

不满意(1)——→非常满意(5)

11. 您对展馆照明服务质量的评价

不满意(1)——→非常满意(5)

12. 您对展馆仓储服务的评价

不满意(1)——→非常满意(5)

13. 您对展馆现场服务区提供的打印、扫描、刻录等服务质量的评价

不满意(1)——→非常满意(5)

14. 您对展馆网络服务质量的评价

不满意(1)——→非常满意(5)

15. 您对提高本展览项目现场服务工作的建议:

 本章小结

　　展览所涉及的服务内容繁多,贯穿于展览的各个阶段。展览服务水平的高低直接影响了客户对展览企业的评价和合作意愿。因此,展览企业必须重视展览服务的管理,才能推动展览的长远发展。

服务提供者与顾客之间存在着一系列互动性的服务接触，每一次服务接触都是顾客对服务质量进行评判的一次机会。顾客对服务质量的感知是很复杂的，顾客实际所接受的服务并不能决定感知质量的好坏，真正的服务质量满意度是服务期望与服务感知之间进行的比较。当服务企业出现服务失败和错误时，应对顾客的不满和抱怨当即做出补救性反应。

展览现场管理与服务是指展览主办方对进场布展、展览现场、撤展离场的全部活动进行有序协调、监督和管理。展览现场最大的特点是人流量大、人群密度高、交通流量大，任何展览现场管理失误都可能产生严重的后果，因此，展览主办方必须重视展览现场的管理与服务。

关键概念

展览服务　服务接触　服务补救　顾客感知服务质量　展览现场服务

复习思考题

1. 展览所涉及的服务内容有哪些？如何进行分类？
2. 顾客感知服务质量存在哪些维度？
3. 顾客对服务质量的满意度是如何形成的？
4. 展览主办方如何提供展览现场服务？

第十章

后续管理

学习目标

- 理解展览后续管理的工作内容。
- 掌握展后数据分析、展后评估的主要方法。
- 了解如何为下一届展会做好准备工作。

案例引导

展览业专家 Whiteoaks 指出展览组织方在展览结束后应最大化展览的影响。

（1）利用积极的感觉。展览结束后，客户重复预订的机会非常大。这时组织方应该利用客户心目中积极的感觉，进行下一届展览的宣传推广。

（2）创建有关参展商投资回报率的案例研究。这些成功的案例将成为销售团队用于下次展会营销的强大资产。

（3）通过继续发布"话题"来保持势头。不断发布与展览活动主题相关的内容，这将有助于保持参与者的兴趣水平，并让更多人进行次年的预订。

（4）不要关闭社交渠道。持续更新、分享与展览相关的新闻，使其处于最新状态，保持与参展商、赞助商、演讲人、媒体的连接，继续扩大粉丝群体。

（资料来源：https://www.exhibitionworld.co.uk/2014/08/15/stand-and-deliver.）

展览的策划与管理工作分为前期、中期和后期，在前期，组展商的工作包括主题策划、立项设计等；在中期，组展商要进行宣传推广、招商招展、供应商管理、现场服务等；在后期，组展商需要完成展览的评估与总结、数据库的更新与完善，并启动下一届展览的筹备工作。

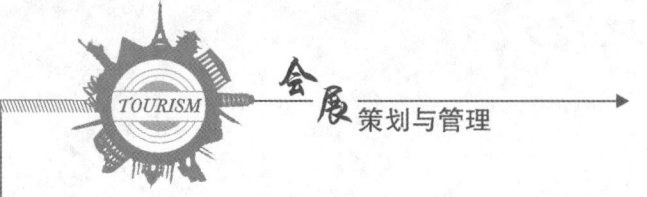
第一节 展览后续管理概述

展期结束了,展览现场的工作完成了,但是,对于展览主办方来说,展览工作还没有结束,还有大量的后续管理工作需要完成。

一、展览后续管理工作的作用

展览后续管理工作对提高客户满意度、加深会展印象、提高展会品牌形象具有重要的意义,能够为日后进行会展宣传工作打下良好的基础。其重要性可以反映在以下几个方面。

(一) 有利于提高客户认知度

会展结束之后,客户及其展览商往往对展览会印象比较深刻,因此如果加强展后服务工作能够起到事半功倍的作用,能够进一步加强同客户之间的深入了解,尤其是及时地进行展后跟踪服务,效果会更加明显。如果忽略展后的跟踪服务,那么参展客户就会淡化对会展的印象,容易导致潜在客户群的丢失。

(二) 有利于提高展览管理服务质量

及时地进行展后服务,有利于提高展会的整体管理水平,减少日后经营成本。例如,展后要及时地开展致谢工作,对参展的主要部门、合作单位、参会媒体进行致谢,对展会中比较重要的客户及时登门拜访;另外,要进一步对展后工作进行报道,利用媒体进行多方位宣传,扩大展会的影响力,提高展会的知名度。与此同时,要及时地公布下次展览信息,对参展商进行意见调查,征询会展中存在的问题及其建议,为促进日后会展工作,提高会展效率做好准备。

(三) 改进日后工作的重要前提

通过展后服务工作,能够对整个会展工作进行整体把握,尤其是对会展中出现的问题能够进行及时的归纳总结,及时制定出解决方案,减少整个会展工作中因失误而造成的损失。另外,展后服务中包括对项目工程的整体评价,能够对整个会展的目的、参展过程、服务质量、参展影响力及经济效益进行系统客观的分析,从而归纳出此次会展的整体效果,总结此次会展的经验教训,例如通过对展后的评价,可以将评价结果作为下次会展的参考资料。

二、展览后续管理工作的内容

展览后续管理工作的内容包括以下几个方面。

(一) 处理展览会现场的遗留问题

由于时间有限、业务繁忙,展览期间可能会遗留一些问题,办展企业要及时跟进和处理。比如,因服务失误造成的客户投诉,要致歉或补偿;有些客户可能还没有结清费用,需要及时催缴;有些参展商的展品还没有处理或运回,应及时处理;有些客户展后安排了商务考察或旅游,应提供力所能及的帮助。

（二）向客户传递展后总结并致谢

展览结束后，办展企业要及时给所有的参展商和重要的观众传递展后总结。展后总结是组展企业对展览总结性的报告，主要目的是将展览会的概况、成果和评价提供给利益相关者作为参考，也是展览会进行后期宣传推广的方式之一。组展企业还需要对参展商和观众的参与表示真诚的感谢，对所有提供帮助的机构，如各协办单位、支持单位、消防保安部门等也要致谢，对一些重要的客户和机构，办展企业甚至需要亲自登门致谢。

（三）更新客户数据库

一届展览会结束后，组展企业的客户数据可能会发生很大的变化，如有客户信息的变更、新客户的加入、老客户的流失等，办展企业需要及时准确地更新客户数据库，并根据客户信息的变化，调整客户管理工作的内容和方向。更新客户数据库既包括对参展商和观众的数据库更新，也包括对各种展览服务商及业务代理商信息资料的更新。

（四）展后数据处理与分析

在互联网时代，几乎所有的行为都可以被追踪到，浏览访问网站、移动设备上点击、点赞等。组展企业需要通过各种渠道捕获数据，并对数据进行分析，得出有用的信息来辅助业务决策以及改善客户服务。展览业获得数据有了很多新渠道，大多与新的数据追踪技术的运用有关，但数据分析是否成功取决于分析人员的技能和经验，越优秀的数据分析越有可能获得独特的可操作的见解。

（五）对展览的组织工作进行评估

展览的组织和运营是一个错综复杂的过程，在展览结束后对整个展览的组织和运营全过程进行回顾，对各项具体工作、单项目标和总体目标完成情况、经济效益与社会效益等方面进行检查和评价，能够发现展览组织和运营中的优点和存在的问题。组展企业应该对优点进行总结，在未来工作中继续发扬；对存在的问题，找到针对性的解决办法，最终做到扬长避短。

（六）进行展后新闻宣传

展览结束后，组展企业可以根据展览会的总体情况准备一份总结性的新闻稿，提供给各新闻媒体进行报道，使得展览会的宣传工作既有开始也有结束。实际上，展后总结性宣传不仅是将本届展览会的举办成果对社会和客户做"交代"，更是为下一届展览会做舆论准备和铺垫。尤其在展览会刚结束的时候，进行展后总结性宣传往往会取得比较好的效果。

（七）准备启动下一届展览会

一届展览结束后，组展企业要开始着手进行下一届展览会的各项筹备工作。例如，准备下一届展览会的策划方案；制定下一届展览会的参展商和观众邀请办法、宣传推广方案；编印下一届展览会的招展资料等。展览会的组织和运营工作是一个循环的过程，本届展览会工作的结束意味着下一届展览会工作的开始。

第二节　展后数据分析

一、数据的搜集

会展业是非常重视数据的行业,但在从一般数据向大数据过渡的过程中,会展业仍处于初级阶段。Exhibit Survey认为,展览业在数据搜集方面存在很大的缺陷,即使那些有很多项目的展览公司在数据搜集上都达不到应有的三项标准,即海量、实时和多样。比如,数据除了包括观众注册登记等结构性数据,还应包括社交媒体上的评价等非结构性数据;再比如,无线射频技术已经发展多年,但是由于成本原因,只被很少量的展览会采用。

尽管展览业并未真正实现大数据运用,但是与过去相比,展览业确实有了更多、更好的与展览项目相关的数据来源。多渠道的数据来源为高质量的数据分析提供了保证,如果仅仅依赖单一的数据源,则可能导致错误的分析决策。常见的数据来源有观众和参展商注册数据库、官方网站、移动应用、社交媒体、现场行为追踪、市场调研(活动前、中、后)、客户参展调查、客户线索等。

二、数据的分析

组展企业的展后数据分析质量取决于分析人员能否理解数据分析的目标、能否正确地对待所获取的各种数据,只有充分理解这些数据的优点和缺点,采用适当的数据分析方法,才有可能获得独特的具有可操作性的见解。

（一）数据分析的目的

组展企业对展览数据进行展后分析,具有以下目的。

（1）对展览项目的整体运作和相关成果做出客观真实的评价,为总结和提升展览工作提供基础数据支持。

（2）对展览项目历年的相关数据进行纵向比较,分析发展的趋势和存在的问题,探寻发展对策。

（3）结合国内类似的展览项目,进行横向对比,分析差异借鉴优势,提升展览品质。

（4）为组展方将来进行新的展览项目的可行性分析提供数据依据。

（5）数据分析报告还能为目标客户,即目标参展商和目标观众的参展决策提供必要的信息,让他们了解参展能获得的良好效益,做出参展决定。通常展览主办方向潜在的目标客户提供以下信息:展览回顾,往届展览的客观数据;展览市场调查,往届展览调查问卷表与统计结果;参展手册和工作一览表;行业信息,包括行业发展趋势;有助于进行参展决策的综合性信息。

（二）数据分析方法

高水平的数据分析要求不仅对现有数据的处理要认真仔细,对模糊的数据来源要进行回访,力求数据真实、准确。组展企业的数据分析工作一般分为三类:统计分析、比较分析、分析评估。

1. 统计分析

经过注册登记、现场调查取样、信息软件运用,主办方得到了大量的原始数据,对这些数据进行统计分析整理可以得到符合研究所需的有效信息,比如参展商的来源构成、参展效果满意度等等,这些信息经进一步研究可以如实反映展览所具有的特征。

2. 比较分析

统计分析得到的数据和情况需要进一步比较分析才具有评估价值。比较分析主要是参照评估标准进行比较和评判,理性判断展览是否达到预期目标、展览组织工作效率的高低、展览效益的大小等。在实施比较分析时,主办方要选用合适的评估标准,否则比较分析的结果容易产生评判的偏差。

3. 分析评估

在统计分析和比较分析的基础上,需要通过综合分析来评估展览策划和组织工作的实际效果,弄清数据和信息间的内在联系。研究人员在做展览分析评估时,要客观、全面、深入地了解展览组织工作的细节,充分使用思辨判断能力,透过数字发现问题,并探究产生问题的原因,提出解决问题的具体措施。

三、数据分析报告

分析报告是将数据分析所得的资料整理出来,用若干统计图、表来呈现信息,还对图表中隐含的趋势、关系、规律加以客观描述。必要时需要对分析方法进行解释和说明。也可以对分析结果提出评论,提供有针对性的改进方案。

一般来说,组展企业通过数据收集和分析,最后形成的数据分析报告应该包括以下内容:参展商数据分析报告,观众数据分析报告,客户满意度分析报告,媒体宣传分析报告。

知识链接 **2018 年亚洲消费电子展数据分析报告**

1. 参会人员概览

2018 年亚洲消费电子展的净展览面积达 25706 平方米,共吸引了来自全球各地的 46748 名参会人员亲临展会体验各种创新技术和产品(见表 10-1)。亚洲消费电子展已成为展示全球创新成果的平台,这些创新也必将影响亚洲市场消费技术行业的未来发展。图 10-1 所示为参会人员构成。

表 10-1　2018 年亚洲消费电子展参会人员总数

注册类别	国内参会人员	国际参会人员	总参会人数
专业观众	29645	3165	32810
参展商工作人员	8011	965	8976
媒体记者	1305	134	1439
消费者	3299	224	3523
总计	42260	4488	46748

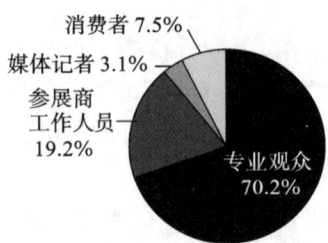

消费者 7.5%
媒体记者 3.1%
参展商工作人员 19.2%
专业观众 70.2%

9.6% 的2018亚洲消费电子展参会人员来自中国大陆以外的地区

图 10-1　2018 年亚洲消费电子展参会人员构成

2. 地区分布数据

来自 75 个国家和地区的专业人士和技术爱好者齐聚亚洲消费电子展。表 10-2 所示为参会人员较多的前十大国家和地区。

表 10-2　参会人员较多的前十大国家和地区

地区	参会人数	在总参会人数中的占比
中国大陆	42260	90.4%
韩国	1027	2.2%
日本	831	1.8%
美国	544	1.2%
中国台湾地区	411	0.9%
中国香港特别行政区	329	0.7%
泰国	208	0.4%
法国	163	0.3%
新加坡	142	0.3%
德国	126	0.3%

3. 专业人员数据亮点

图 10-2、表 10-3、表 10-4 重点罗列了参加 2018 年亚洲消费电子展的专业人员职务和公司业务类型。

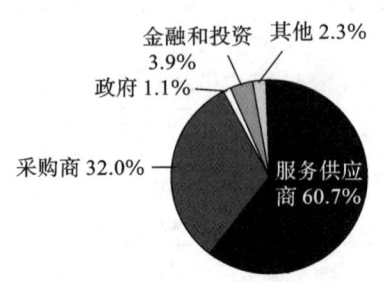

金融和投资 3.9%　其他 2.3%
政府 1.1%
采购商 32.0%
服务供应商 60.7%

97.7% 的采购商来自亚洲

图 10-2　业务类型

表 10-3　按个人工作职务分类

工作职务	参会人数	在专业人员中的占比*
首席级高管	630	1.9%
总裁/企业主	655	2.0%
副总裁/高级副总裁/执行副总裁	658	2.0%
总监/高级经理/总经理	5656	17.2%
高管人员总数	7599	23.1%
分析师	1055	3.2%
董事会成员	650	2.0%
采购员	1802	5.5%
内容开发师	553	1.7%
创意设计师	1790	5.5%
分销商	229	0.7%
工程师	5260	16.0%
IT/MIS专员	759	2.3%
经理/商店经理/产品经理	2985	9.1%
制造商代表	440	1.3%
生产技术人员	266	0.8%
服务技术人员	347	1.1%

* 专业人员=仅参加贸易展会的人员+会议参会人员;不包括媒体记者、参展商工作人员和消费者 (32810)。

表 10-4　按公司业务类型分类

采购商类型	参会人数	在专业人员中的占比*
非零售企业	5793	17.6%
分销商	1267	3.9%
机构	399	1.2%
零售商/专卖零售	1696	5.2%
采购/政府采购	349	1.1%
系统集成/安装	815	2.5%
增值分销商/经销商	180	0.5%
采购人员总数	10499	32%
3D打印服务	188	0.6%

采购商类型	参会人数	在专业人员中的占比*
广告及营销	851	2.6%
业务开发/销售	613	1.9%
商业服务	896	2.7%
金融服务	254	0.8%
内容开发	326	1.0%
娱乐	262	0.8%
数字健康/保健、医疗相关服务	163	0.5%
数字媒体	663	2.0%
工程/研发	3293	10.0%
制造商代表	1129	3.4%
制造商（非参展商）	3373	10.3%
公共政策	56	0.2%
政府机构	389	1.1%
非零售服务提供商	640	2.0%
软件开发/出版业	1278	3.9%
风投/私募/投资	704	2.1%

* 专业人员＝仅参加贸易展会的人员＋会议参会人员；不包括媒体记者、参展商工作人员和消费者（32810）。

4. 参展商数据亮点

2018年亚洲消费电子展吸引了来自27个国家和地区的529家参展公司，展示了20大产品类别。表10-5、表10-6所示分别为参展商工作人员及参展商工作人员地区分布数据。

表 10-5　参展商参会人员

注册类别	中国大陆参会人数	国际参会人数	总参会人数
参展商工作人员	8011	965	8976

表 10-6　参展商工作人员地区分布数据

地区	参展商工作人员	在参展商工作人员总数中的占比
中国大陆	8011	89.2%
亚洲（中国以外）	630	7.0%
中东地区	2	<1%

续表

地区	参展商工作人员	在参展商工作人员总数中的占比
欧洲	131	1.4%
北美洲	198	2.2%
大洋洲	4	<1%

5. 媒体记者数据

2018 年亚洲消费电子展吸引了来自 31 个国家和地区的 1439 名媒体记者(见表 10-7)。他们在全球各重要平面媒体、广播及网络媒体上共发表报道稿件 14457 次。

表 10-7　媒体记者参会人员

注册类型	国内参会人数	国际参会人数	总参会人数
媒体*	1305	134	1439

* 总媒体参会人员包括 42 名行业分析师,其中 15 名来自中国大陆以外的地区。

6. 会议听众

2018 年亚洲消费电子展共举办了 32 场精彩纷呈的专题会议,邀请到 154 位演讲嘉宾登台演讲(见表 10-8)。来自全球各地的知名嘉宾在会上探讨了时下业界最热门的话题,涵盖体育创新、酒店管理、数字现实、汽车技术等领域。

表 10-8　会议参会人员

注册类别	国内参会人数	国际参会人数	总参会人数
会议听众	1701	353	2054
演讲嘉宾	131	23	154

(资料来源:BPA Worldwide 的《2018 年亚洲消费电子展展览与会议审计报告》。)

第三节　展后评估

展后评估是指根据一定的目的和标准,运用科学的方法对展览会的策划、执行过程、效益和影响进行全面系统的分析,以期比较客观地说明展览会的成功性,同时,发现展览会举办过程中存在的问题,从而为展览会的未来发展提供依据。

一、评估的分类

从评估的主体上看,展览会的评估可分为组展商自评和第三方评估。组展商自评是指

由组展商自己对展览会的各项工作完成状况进行评价,第三方评估是指由组展商邀请其他专业机构对展览会的各项工作完成状况进行评价。

从国内行业的实践来看,大多采用的是组展商自评的方法,对于展览会规模不大、组展商财力有限的情况,这种方法的内容简单,操作便利。与组展商自评相比,第三方评估具有专业性强、公信力高的优点,但是也存在费用高、程序多、时间长等缺点。第三方评估是目前国际上比较认可的评估方法,许多国际知名的展览会都会委托权威机构对自身展览组织工作进行评估,以提高评估的专业性和公正性。国外一些专业的展览会评估机构已经获得了行业的高度认可,为越来越多的展览会服务。

从评估的对象上看,展览会的评估可以分为总体评估和专项评估。总体评估是指对展览会的所有工作进行全面综合的评估,包括定位、参展商、观众等。专项评估是指对展览会进行有针对性的评估,评估对象为某项特定的工作。通常,组展商会对展览会进行总体评估,总结展览会组织和运营工作的基本状况,从中发现展览会组织工作的不足之处并加以改正。当总体评估中发现的某方面工作存在较大问题时,或者希望某方面的工作能够取得突破时,则会对这方面工作进行专项评估。

二、评估的方法

评估包括两类工作,一是衡量,即进行数量的计算和比较,二是判断,就是对一切不能量化的部分采取研究判断的手段。衡量是客观的,有可衡量的标准;判断却是主观的。评估是客观的衡量和主观的判断结合为一体。

有关展览会的规模、经济效益方面的情况是比较容易获得数据,并且可以将实际数据和预期值进行比较,属于可客观衡量的部分。具体来说,可客观衡量的指标有:展览会的展出面积、展品的种类和数量;实际参展商数、到会观众人数、参展商和观众满意度;展览会成交金额、展览会收益率。

而对一些展览管理工作的评估,包括对展览策划评估、招展工作评估、观众组织工作评估、宣传推广评估、展会现场管理评估、展会服务商管理评估等等,这些评估常常依赖于管理人员的主观评价,缺乏客观性。但是,客观评估以上各方面管理工作的效果,了解展览管理中的优势和不足对于展览企业的优化发展具有重要意义,因此,要尽量采取各种客观评价方法。

(一)量表评价法

量表评价法是根据设计的等级评价量表来对被评价者进行评价的方法。这是目前应用最广泛的绩效评估法。实际运用中的量表形式多种多样,但其基本结构主要由两大部分构成,一部分是用以规定考核内容的指标体系,另一部分是用以表示各种指标相对重要程度的权数体系。评价者根据量表的内容对被评价对象进行打分或评级,最后加总得出总的评价结果。

(二)关键事件法

关键事件法,是客观评价体系中最简单的一种形式。它是通过对工作中最好或最差的事件进行分析,对造成这一事件的工作行为进行认定从而做出工作绩效评估的一种方法。这种方法的优点是针对性比较强,对评估优秀和很差等表现十分有效;缺点是对关键事件的把握和分析可能存在某些偏差。

（三）行为锚定法

行为锚定法,是根据关键事件法中记录的关键行为设计考核的量表。行为锚定法实际上是量表法与关键事件法的结合,它将行为描述等级性量化,每一水平的行为均用某一标准行为加以界定,从而将定性的描述性关键事件法和量化的等级评价法的优点结合起来。

三、评估的程序

展览会评估是一项时间性强、涉及面广、内容繁杂的工作,因此,在开展评估工作时,一定要合理地组织和有计划地进行。展览会评估一般可分为评估前准备、制订评估计划、实施评估计划、进行分析评估和撰写分析报告五个阶段。

（一）评估前准备

该项工作在展览没有结束之前应该启动,主办方需要确定进行什么样的评估,自己评估还是第三方评估,全面评估还是专项评估。在确定评估方式后,需要指定评估的负责人、配备评估资源、安排评估时间等等。

（二）制订评估计划

确定评估的目标和内容,并选择相应的评估标准和评估方案,制订详细的评估计划,计划包括确定评估项目的重点、主次排序、时间进度、人员安排和经费预算等等。

（三）实施评估计划

根据评估计划开展评估工作,通过收集数据、问卷调查、现场观察、个别访谈等方式收集各种信息,在调查和收集信息过程中,注重数据资料的可靠性、准确性和完整性。

（四）进行分析评估

在获取数据信息的基础上,对展览工作进行分析和评价。即使原始数据都是真实无误的,要能够保证评估结果的客观和公正,需要分析评估人员进行准确、客观的评估,不可被报喜不报忧的功利思想影响。

（五）撰写评估报告

通过上述步骤,就能形成一个客观地揭示展览现状,评判展览价值,提升展览未来发展的展览评估报告。负责评估的部门需要撰写展览评估报告。

四、评估报告的撰写

展览会评估报告可能因评估的具体内容和重点要求不同而有所差异,但一般来说,其内容主要包括以下四个方面。

（一）评估背景和目的

通常情况下,评估背景和目的是评估报告的第一部分,主要内容为依据相关的背景资

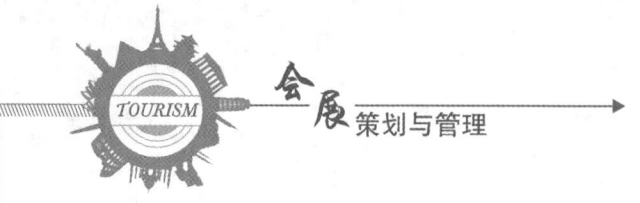

料,对评估或受委托进行该项评估的具体背景和原因加以说明。

(二)采用的评估方法

报告中必须详细说明评估方法,其中包括评估对象、样本容量、样本结构、评估的指标体系、资料来源和收集方法、资料处理方法和工具等。

(三)评估结果

评估结果是将评估所得资料整理出来,除了用若干统计图表来呈现之外,报告中还必须对图表中的数据资料隐含的趋势、关系和规律加以客观描述,即对评估结果加以说明和讨论。评估结果所包含的内容应当反映评估目的,并根据评估目的的主次突出所要反映的重点内容。

(四)结论和建议

展览会评估的根本目的是促进展览会的可持续发展,因此,结论和建议是展览会评估报告中最重要的一部分。首先,展览会评估报告要用简洁明晰的语言给出结论,例如,阐述评估结果说明了什么问题,有什么实际意义,必要时可引用相关背景资料加以解释、论证;其次,评估报告最后要针对评估结论提出可以采取的改进建议,或者如何处理已存在的问题,最好能提供有针对性的行动方案及建议。

第四节 为下一届展览做准备

本届展览会的结束也是下一届展会的起点,会展企业需要积极地为下一次展会做好准备。一些有经验的会展企业会将一定数量的预算经费用于展后工作,主要是展后宣传、客户跟进,为下一届展会做准备。

一、展后宣传推广

展后的宣传推广与展前、展中的宣传推广在目标和内容上有所不同,展后宣传推广的目标是让客户和公众了解展览的成就,期待下一届展览,并为下一届展览做舆论准备。因此,展后宣传推广的内容都是正面的,主要是通报展览取得的成果,所产生的经济和社会效益。组展企业应该整理展览数据,将展览的成果制作成新闻资料,提供给新闻媒体。

展览业专家还建议,展览结束组织方应继续发布“话题”来保持势头,通过不断发布与展览活动主题相关的内容,将有助于延续参与者的兴趣水平,并让更多人进行明年的预订。另外,展览组织方在展后应保持社交渠道畅通,比如在社交平台上持续更新、分享与展览相关的新闻,使其处于最新状态,保持与参展商、赞助商、演讲人、媒体的连接,继续扩大粉丝群体。这些都是很有效的展后宣传推广手段,有助于下一届展览的市场营销。

二、展后客户跟进

美国专家在一项研究中发现,参展者在展览结束三周内对参观情况的记忆由100%迅速下降到 60%。因此,组展企业在展后应该加强客户跟进,以维护前期建立起来的客户关系。根据企业进行客户跟进的力度,可以将客户跟进分为三种类型。

一是低参与度的客户跟进,是指不需要客户进行相应的回复及反应的跟进方式,常见的有直接邮寄、图文传真、短信平台、网络咨询平台等等。

二是中参与度的互动跟进,是指在客户的维护过程中,对客户正常的工作有一定的影响,但是影响程度相对较低。常见的中参与度的互动跟进方式是电话回访。电话回访是较为直接的人际沟通方式,但是这种方式也容易遭到客户的拒绝。利用电话进行沟通,在时机的选择上,应考虑客户的工作行为模式和习惯,避免电话打扰对方的正常工作;在工作人员的选择上,应选择拥有沟通技巧、应变能力强、专业素养高的人员;在电话沟通前,设计好电话交流的脚本也尤为重要。

三是高参与度的直接跟进,是指与顾客面对面交流的方式,例如登门拜访等。登门拜访是较为正式也是成功率相对较高的一种客户跟进办法,但是比较费时,成本也相对较高。登门拜访通常需要有事先的沟通作为基础,因此比较适合相互之间有一定了解的客户。另外,为了提高登门拜访的效果,登门拜访的人员需要掌握一些技巧和方法,比如拜访的礼节、了解客户的习惯、细心观察、透过现象来分析客户等等。

知识链接　面对经济不景气如何让参展商和观众持续参展

123

面对不可避免的经济衰退,组展商该如何有效地让参展商和观众持续参加展览?

经验一:认识"财务状况"

首先需要全面地了解展会所服务行业的"财务状况",包括:面对经济不景气,行业各部门中有哪些部门是最先被波及的对象? 在观众和参展商中,哪一方最先感受到不景气产生的压力? 对于行业内部各个部门来说,其开支缩减的影响程度如何? 所有缩减对组展商潜在参展者会产生什么样的影响?

组展商对行业的"财务状况"了解得越深入,则组展商越有能力洞察将要出现在前方的红色警报,此种洞察有助于组展商及早制订战略计划,用来应对展览面临的营销困难。

经验二:区分展商和观众的"消费模式"

对于展会参与者展商和观众来说,其有着完全不同的"消费模式"。参展商的参展决定(购买展位)通常早在展会开幕前若干个月即达成;而与此同时,正像很多展览会主办方所看到的那样,越来越多的观众直到展会开始前若干天才作出参加或不参加的决策。

通常,在经济刚开始滑坡,但没有明显的征兆时,组展机构基本上不用为展位的销售而担心,因为多数参展商意识不到经济将会走低,并且参展商有着较为充足的参展预算,因此展位销售常持续上升。与此形成鲜明对照的是,在展会如期举行

时,观众的数量将有可能较前一年大幅下降,因为观众的商务旅行预算可能在展会开幕前被公司消减。大量的实践证明,每一次经济衰退到来时,首先下降的是公司旅行和教育类支出。

所以,组展商在经济面临衰退时,决不能仅仅因展位销售持续上升而忽略可能存在的危险;恰恰相反,组展商应在展会开幕前,就预计到观众将会面临严厉"打压",从而针对性地制定出符合实际的营销策略。

经验三:提供"解决问题"的方案

何种方案有助于提高观众的参与度?通常,组展商推出的方案包括场地规划、教育分会、社交活动、特别活动等等。

在经济上升期,组展商方案多倾向于为观众创造商业机会。而在经济衰退期,组展商方案必须聚焦于"协助观众解决其眼下面临的问题",这类问题通常是:如何削减成本,用小的代价换取较大的成果?而有助解决问题的方案通常包括专家讲座、案例分析、行业领导者研讨会、技术报告的演示等等。

之所以强调这些,是因为潜在观众在展会开幕前所作出的参展或不参展的决策,在很大程度上取决于他们对"参展价值"与"参展成本"的权衡结果。正因为此,组展商更应当设法在降低参展成本的同时为展会"增值"。

经验四:提升服务品质

越是经济不景气,组展商就越需要提高服务品质来帮助参展商获得满意的成果。展前客户服务包括安排人员与每位展商联系,帮助其管理场地,提供咨询服务,让展商了解如何降低运输成本,协助展商准备展前市场营销方案,还可以在展后电话联系展商,帮助展商将展中所获联络信息转化为有效的跟进式销售。

而经济不景气的时期,往往也是公司展览部门人员更替频繁的时期。此时组展商应帮助新上岗的或经验不足的展览经理设计有效的参展方案,让其感到"物有所值"。展览期间组展商安排场地引导员,为参展商解决行李登记问题,提供直达机场的巴士等,也是组展商应当注意的细节。

本章小结

展期结束只是意味着展览现场的工作完成了,但是,对于展览主办方来说,展览工作还没有结束,还有大量的后续管理工作需要完成。后续管理工作具有承上启下的重要作用,对于展览的可持续发展具有关键意义。

后续管理工作包括处理展览会现场的遗留问题、向客户传递展后总结并致谢、更新客户数据库、展后数据处理与分析、对展览的组织工作进行评估、进行展后新闻宣传、准备启动下一届展览会。

关键概念

展览后续管理　展后数据分析报告　展后评估　展后宣传推广　展后客户
跟进

复习思考题

1. 组展企业有哪些展览后续管理工作需要做？

2. 展后的数据分析有什么作用？

3. 展后评估的种类有哪些？

4. 展览结束后，为什么展览的宣传推广工作还要继续？组展企业应该怎么
做？

第十一章 →

会展其他活动的策划与管理

学习目标

- 理解广义会展的概念和组成。
- 理解奖励旅游的策划与管理基础知识。
- 理解节事活动策划的整合理论、创新思维方法。

案例引导

　　无论展览、会议、奖励旅游，还是节事活动或者其他，每个一次性的特殊活动都有明确的开始和结束时间，Getz（1997）主张利用项目计划方法来组织活动。Wright 于 2001 年提出了一个预想活动管理模型（Event Operations Management Model），该模型提供了计划和组织活动的基本方法。后来，Tum、Norton 和 Wright（2005）根据活动产业的特征对其进行了补充。

　　学者们将活动管理分为分析、详细计划、实施与执行和绩效评估四个阶段。其中，分析阶段的主要工作是明确活动的目标及目标市场，寻找关键的成功因素，并对活动或组织者的内外部环境分析，决定所需的技能和资源；详细计划阶段的工作内容包括活动选址、产品开发、服务设计、供应链管理、风险管理等举办活动所需的所有计划活动；实施与执行阶段主要关注如何按既定的计划进行资源配置，以及人力管理、容量管理和工作时序安排等内容；绩效评估即在活动结束后使用一定的标准来测评和修正活动运营的效果。

　　（资料来源：王春雷，《活动与生活》，中国旅游出版社，2018 年 11 月．）

　　狭义的会展仅包括展览和会议两个内容，而广义的会展是指国际上通常对会展的表述

MICE,包括展览(Exhibitions)、会议(Meetings/Conferences)、奖励旅游(Incentives)和节事活动(Event)四个内容。所有这些会展内容都是在同一时间、同一地域空间,多个人集聚在一起,进行集体性的物质、文化交流活动,这些活动在策划和管理上有很多的共性。但是,由于不同的会展内容在活动的具体目的、功能上有差别,所以它们的策划和管理上还是有一些差异性。本书前面主要讲述了展览的策划与管理,在第七章也讲了会议的策划与管理,因此,本章主要讲述奖励旅游和节事活动的策划与管理基础知识。

第一节　奖励旅游的策划与管理

知识链接

奖励旅游20世纪30年代起源于美国,然后逐步扩展到全世界范围。目前,世界每年奖励旅游客源达到350万,美国占到50%,而中国目前只占1%。在中国,除了外资企业,大部分企业对奖励旅游的作用不太了解,常将奖励旅游和现金奖励、物质奖励等常规奖励方式等同。事实上,奖励旅游绝对不是简单的企业福利,奖励旅游有着内在的本质内涵。从本质上来说,奖励旅游是一种管理手段,其行为不仅仅是对参与者的奖励,更是对企业自身的宣传,是为了增强员工对企业的认同感,为了开拓市场,为了树立企业的形象……

奖励旅游的英文名称 Incentive Travel 中的 Incentive 的含义是"刺激""鼓励"。世界奖励旅游协会对奖励旅游概念的界定是:"一种现代化的管理工具,目的在于协助企业达到特定的企业目标,并对达到该目标的参与人员给予一个非同寻常的旅游假期作为奖励。"这个定义把奖励旅游概括为既是企业激励员工的现代管理工具,也是企业以开发市场为目的的一种手段。

一、奖励旅游的需求与供给

(一)奖励旅游的需求

1. 奖励旅游需求方

奖励旅游的需求方即是奖励旅游的客源市场,代表了对奖励旅游产品的需求,也代表了对奖励旅游的购买能力。奖励旅游有别于传统旅游的一大特点是,旅游活动的具体参加者并不是旅游产品的需求者,真正的奖励旅游产品的需求方是企业、各类团体。企业是奖励旅游需求的主体。以利润最大化作为最终目标的企业,不断改进其激励政策,以达到激发员工的积极性,创造更大的经济财富,而奖励旅游是一种行之有效的激励措施,被越来越多的企

业采用。

2. 奖励旅游产品需求的特点

（1）高端的客源市场。

奖励旅游的客源具有高端性特征，一是参与奖励旅游的企业整体经营水平比较高，愿意采取奖励旅游这种管理手段，实现激励员工，给予员工福利的目的；二是奖励旅游的实际参与者大多是企业的骨干或精英，或者是企业重要的客户群体，也具有高端性。

（2）高消费水平和高消费能力。

客源市场的高端性决定了奖励旅游的高消费水平和高消费能力。由于奖励旅游的费用由企业承担，企业的主要目的是实现激励性管理，所以对奖励旅游产品的价格并不太敏感。有统计，奖励旅游团的消费能力是一个普通团的五倍。

（3）高服务质量的要求。

奖励旅游对旅游过程的服务有着很高的要求，他们不但在吃、住、行、游、购、娱方面具有高档次的特征，而且在组织安排和接待服务上也有高要求，他们期待旅游产品和服务与企业的高品位经营理念和管理目标相匹配和融合，服务质量和活动创意成为衡量奖励旅游是否成功的关键。

3. 奖励旅游产品需求的发展趋势

（1）文化性增强。

奖励旅游作为满足员工高层次精神需求的特殊产品，其文化性、人性化、个性化发展趋势将体现得更为明显。比如，在旅游项目的选择方面更倾向于具有文化品味的活动，希望能够突显企业的文化与经营理念，并与体育运动、户外活动和其他娱乐项目相结合。

（2）与商务活动相结合。

奖励旅游已经改变了原来纯旅游的方式，与会议、培训和企业业务活动相结合的趋势越来越明显，这些活动能够给企业和员工带来更多的成就感和充实感。奖励旅游与会议、展览、大型活动、公司业务等商务活动由过去的泾渭分明转向了现在的相互交融与结合。

（3）旅游形式多样化。

随着奖励旅游者个性化需求的增强，以及团队出游经常发生团员时间上的冲突，越来越多的企业开始采用多样化的奖励旅游活动形式。比如，采用个体旅游形式使奖励旅游具有充分的灵活性和选择余地；让受奖人员携带家属出游，充分发掘了家庭价值和所蕴含的人情味，能进一步发挥其激励作用，也越来越受到企业的青睐。

（4）深度旅游增加。

奖励旅游在发展过程中显现出"深度旅游"的趋势，即单一地点移动，减少周转的时间，将宝贵的时间用在当地的更全面、更深入的旅游活动上。

（二）奖励旅游的供给

奖励旅游的供给是指承办奖励旅游的各经营主体，在与奖励旅游需求方充分沟通后，围绕某一主题，借助目的地的物质性吸引和非物质性吸引，满足奖励旅游需求的过程。奖励旅游的供给涉及以下内容。

1. 承办奖励旅游的主体

承办奖励旅游的主体主要有三种类型：一是专门规划设计奖励旅游的公司，这类公司通常为客户提供从沟通到方案指定、从策划到组织的全方位服务;二是一些旅行社的奖励旅游部门,它们利用旅行社的优势为客户提供奖励旅游专业服务;三是企业自己的下属部门,它们能清楚地了解企业的奖励旅游需求,能够制定符合企业要求的奖励旅游计划,但是在具体执行奖励旅游的时候,往往还是需要向上述两类主体购买专业的奖励旅游服务。

2. 奖励旅游目的地

奖励旅游对目的地的选择总体要求很高,不仅要求具有方便的交通条件、特殊鲜明的旅游资源,还要有高档次的旅游接待设施、上乘的服务水准。奖励旅游的目的地除了具有旅游目的地的一般特征外,还应满足组织开展奖励旅游活动的管理、服务和综合需求。因此,高度发达的目的地和具有独特魅力的旅游胜地是比较理想的奖励旅游目的地。

3. 会奖型酒店

由于奖励旅游中常常安排会议、培训、展出等活动,所以会奖型酒店是奖励旅游开展的重要场地。与传统酒店相比,会奖型酒店具有满足会议的多功能设施设备,它的销售是综合性的,不仅销售客房、餐饮,还租借会议的设施设备;会奖型酒店的服务部门设置也不同,有针对会议、展览的专业性较强的服务部门;会奖型酒店的服务对象是奖励旅游顾客和企业,和服务对象的沟通也是非常重要的环节。

4. 其他会奖服务类供应商

奖励旅游的开展还需要一系列其他服务类供应商。

一是为奖励旅游活动提供各种设计与制作服务的供应商。如印刷公司、会徽制作商、礼品及纪念品供应商、标志制作商等。

二是为奖励旅游活动提供音响、声、光等多媒体需要的供应商。如视听设备供应商、灯光效果专家、摄影师、互联网接入服务商等。

三是为奖励旅游活动提供保险、安全、物资供应需要的供应商。如保险服务公司、安保公司、烟火供应商、鲜花供应商等。

四是为奖励旅游活动提供销售与人员需要的供应商。如临时人员供应公司、口译和笔译人员、培训专家等。

五是为奖励旅游活动提供宣传、广告需要的供应商。如广告设计公司、宣传展览公司等。

二、奖励旅游的策划与管理

策划与组织奖励旅游比服务一般传统的旅游团体更为复杂,会展企业需要花更多的心思和时间做好活动前了解、规划、安排、设计等工作。因此,会展企业举办奖励旅游需要充分且完善的策划,谨慎安排每一个细节,然后再认真地管理和执行。会展企业对奖励旅游的策划与管理工作内容如下所述。

(一)预算审核

奖励旅游与其他团队旅游项目的不同之一在于预算上,与普通的包价旅游不同,奖励旅游不是购买现成的旅游产品,它是一种特殊的定价旅游,企业会预先确定用于奖励旅游的经费,然后要求会展企业根据其特殊需求,设计出令其满意的奖励旅游产品。会展企业需要做

好预算审核,然后发挥自己的主观能动性,在经费预算下就奖励旅游的主题活动、出游地点、时间、内容方面做出相应的设计。预算审核得好,奖励旅游策划就有了一个良好的开端。

（二）对企业进行评估与分析

会展企业进行奖励旅游策划需要对企业进行准确细致的评估与分析,再依据企业的特性设计具有特性的奖励旅游产品。奖励旅游的策划原则是为企业安排独一无二的旅游行程,因为不同企业对奖励旅游的主题设定、时间安排、预算、项目内容要求都是有差异的。对企业的评估和分析内容包括对企业特性、经营背景、财力、过往奖励旅游情况等等。会展企业对企业的评估和分析的准确程度直接影响到奖励旅游的策划结果。

（三）奖励旅游行程的设计与规划

本步骤相当于旅游线路的设计,旅游线路是构成旅游产品的主体,奖励旅游也不例外。奖励旅游行程设计与规划是会展企业根据企业的特点和要求,结合旅游资源和接待服务的实际情况,专门为企业量身定做包括整个旅游过程的全部旅游项目内容和服务内容。旅游线路设计与规划主要包括以下内容:明确线路名称,策划旅游线路,计划活动日程,选择交通方式,安排住宿餐饮,留出购物时间,策划娱乐活动。

专案是旅游行程中除去一般旅游项目内容之外的部分,是奖励旅游特有的组成部分。旅游行程是每一个奖励旅游必需的,专案则不是每一个企业都要求的,但是一旦企业有需求,会展企业就要根据企业的不同需要定做合适的专案。好的专案设计能够给企业的奖励旅游带来更多的附加价值。具体来说,专案包括以下内容。

（1）会议。奖励旅游期间如需安排会议,组织方需要负责联络和执行各项会议的工作,包括租会议场地、布展会场、准备会议设备等等。

（2）培训。将工作和奖励旅游活动联系在一起,利用奖励旅游期间对员工进行培训,已成为奖励旅游发展的一种新的趋势。

（3）主题宴会。通过企业、组织方、当地酒店共同研究策划,可设计出风格独特、符合企业要求的主题晚会,给参与者带来完美体验。

（4）特殊行程。安排符合企业需要的当地参观、考察也是奖励旅游可能的专项活动。

（5）其他活动。比如竞赛活动、惊喜派对等等。

（四）让行程规划获得企业确认

虽然会展企业对奖励旅游的行程设计规划是在对企业进行了评估和分析,了解企业奖励旅游需求和意愿的基础上做的,但是,当会展企业拟定好行程活动规划后,还是必须和企业相关负责人进行沟通和协商,并按企业的要求进行必要的修改,最后在得到企业的认同、双方满意的基础上定稿确认。

（五）应对奖励旅游过程中的各种变动

在奖励旅游进行过程当中,难免会有一些预先无法预知的意外发生,从而打乱规划的行程,如极端天气、交通事故、时间路线被迫变更、旅游者意外事件等,这就要求临时对行程作一定修改。为了保证本次任务能圆满完成,组织人员应具有较高的随机应变能力和专业素质,化解各种变动带来的负面影响,推动该次旅游顺利完成。

（六）奖励旅游结束后的效果评价

企业进行奖励旅游的特点之一是其持续性与稳定性，即存有奖励旅游需求的企业在形成一定惯例后，每年都会开展若干次的奖励旅游活动。因此，获取客户的喜爱和信任，让客户重复选择自己的服务是从事奖励旅游的会展企业的重要目标。这就需要对奖励旅游的效果进行评估，发现奖励旅游存在的不足，不断改进。奖励旅游结束后会展企业的评估工作应包括以下内容。

（1）对奖励旅游参与者的满意度调查。参与者直接体验了奖励旅游产品，他们对各项工作及安排是否满意以及满意程度如何，是奖励旅游是否成功的一个重要指标。对直接参与者的满意度调查主要包括的内容有目的地选择、日程安排、酒店服务、餐饮服务、导游服务、会议及培训等专案活动。

（2）征询企业意见。奖励旅游对企业而言是一种有目的管理手段，企业对该项活动的效果评价和意见是非常重要的。因此，会展企业在奖励旅游结束后，应认真征询企业意见，获得企业真实的评价，这对后续改进产品和服务，以及保持双方的继续合作都非常重要。

（3）会展企业自身的总结。会展企业对本次奖励旅游进行总结，找出成功之处、失败教训，提出改进思路。

知识链接　　　　　　　　奖励旅游的误区

误区一：将奖励旅游等同为一般的团队旅游

在市场调研过程中，经常发现以下类似的报道："一家跨国公司总裁在其下属的一家合资企业对销售人员进行奖励计划安排中，增添了奖励旅游的方式。这家合资企业的人力资源主管就照葫芦画瓢，为几名受表彰者在一个观光旅游团报了名。事后她被告知，她的做法与总裁想的'不是一个层面上的鱼'。"

必须承认的是，奖励旅游99%是以团队的形式出现的，但奖励旅游并不等同于一般的团队旅游。二者的区别大致如表11-1所示。

表 11-1　奖励旅游与一般团队旅游的差异表

差异	奖励旅游	一般团队旅游
本质	管理工具	观光娱乐
目的	多样性	相对比较单一性
费用	免费	多是自费
参与人员	经过一定程序审核	多为自愿报名
活动安排	独一无二	旅游线路化、模式化
服务规格	VIP礼遇	一般礼貌服务
效果	实现企业管理的多种目标	最佳情况是获得精神满足

正如新加坡旅游局提出来的一样，独一无二的行程安排是奖励旅游的最高指

导原则。在这一指导原则下,奖励旅游有着区别于一般团队旅游的独特内涵,奖励旅游绝对不等于一般的团队旅游。

误区二:将奖励旅游等同于公费旅游

据调查,现在奖励旅游市场多面向外资或合资企业,国有企业很少看好奖励旅游这种方式,其中最主要的原因就在于"多数人觉得奖励旅游就是公费旅游,是不正当的"。事实上,奖励旅游与公费旅游有着密切的联系,但奖励旅游并不等于公费旅游。

就免费、带薪方面看,奖励旅游与公费旅游和其他的福利旅游具有一致性,但从奖励旅游的本质作用、行程安排、目的和形式来看,奖励旅游与公费旅游有很大的差别。奖励旅游的核心是突出奖励,精神在于"量身打造""无限惊喜""倍感尊荣""回味无穷",是用金钱买不到的感受和荣誉;奖励旅游除了奖励和慰劳的目的以外还有多重附加功能,如凝聚员工向心力、树立企业形象、强化企业文化、持续鼓励员工提升工作绩效,甚至是为企业市场开拓做准备等,但最终目标是实现企业的持续、稳定和健康发展;奖励旅游的形式更是多种多样的,主要是通过各种活动把企业文化融入其中,如颁奖典礼、主题晚会或晚宴、公司首脑出面作陪并与受奖者共商公司发展大计等。

(资料来源:http://www.micecn.com/articles/show/4461.)

第二节　节事活动的策划与管理

知识链接

在现代社会,节事活动的组织之严密,产业链条之丰满,已经达到了前所未有的地步。从个人的婚丧嫁娶、纪念庆贺,到明星的演艺会、官员的就职典礼、NBA明星赛、皇室的公开婚礼;从社区的慈善公益活动、街头篮球赛、社交派对,到企业赞助组织的音乐会、新产品发布会、营销体验等;从采摘节、登山节、四大满贯网球公开赛,到政府主持的展览会、交易会、文化节、运动会、狂欢节巡游以及其他国家庆祝活动;以及国际性的奥运会、世博会、世界杯足球赛、领导人峰会,节事活动的规模越来越大,组织越发严密,节事的专业性也越来越高。

节事的专业化也体现在节事知识体系的建立上。从20世纪70年代开始,一批行业协会,如国际展览与节事协会(IAEE)先后成立,相应的知识体系也逐渐建立。一批学者,包括O'Toole(2002)和Silvers(2003)等在内,开始试图构建节事管理所需的知识框架。在2006年发布了节事管理知识体系(EMBOK:Event

Management Body of Knowledge),将核心价值、时间管理、进程管理和运营管理纳入节事管理的知识体系,整合了战略管理、财务管理、人力资源管理、市场营销的学科内容,尤其是引入了项目管理的思想和内容,将节事管理以独立的面貌呈现在行业从业者和研究者们面前。

节事的专业化还反映在一批相关的行业标准如《英国国家标准第 8901 号:可持续节事管理》(B:S 8901:2009,Sustainable Event Management),甚至国际标准,如《国际标准:项目可持续性管理体系要求和应用指南》(ISO20121:2012,Event Sustainability Management systems-Requirements with Guidance for Use)被制定并发布出来。

一、节事活动概述

"节事"一词来自英文 Event,含有"事件、节庆、活动"等多方面的含义。国外常常把节日和特殊事件、盛事等合在一起作为一个整体,在英文中简称为 FSE(Festival and Special Event),中文译为"节日和特殊事件",简称"节事"。在现有的研究中,学者们把文化庆典、文艺娱乐事件、体育赛事、教育科学事件、私人事件、社交事件等通通归结到节事范围内。

节事活动作为会展的一个部分,除了具有会展活动的一般性以外,还具有自身的一些特性,这些主要包括以下内容。

(1)文化性。节事活动本身就是文化活动,这些以民族文化、地域文化、节日文化和体育文化等为主导的节事活动往往具有极浓的文化气息。

(2)地域性。节事活动都是在某一地域开展的,都带有明显的地域性,可成为目的地的形象的指代物。有些节事活动已经变成为地域的名片,而少数民族节日更是独具地方特色。

(3)时效性。每一项节事活动都有季节和时间的限制,都是按照预先计划好的时间规程开展和进行的。

(4)体验性。节事活动实际就是亲身经历、参与性很强、大众性的文化、旅游、体育、商贸和休闲活动,是建立在大众参与和体验基础上的。

(5)多样性。节事活动的内涵非常广泛,其开展形式可多元化,开展内容可丰富多彩。

(6)交融性。节事活动的多样性和大众参与性决定了其必然有强烈的交融性,从而成为带动当地经济发展的引擎。

(7)认可性。节事活动应该控制节事活动的参与者的数量,保护当地旅游环境不受破坏,在当地居民承受能力之内,以当地居民认可并显示出友好的态度为准。

二、节事活动策划的"整合理论"

活动策划整合理论包括点子策划、创意策划、系统策划、整合策划(简称 ICSI 理论)。根据活动策划整合理论模型,点子策划主要是"点"式策划,是策划理念的高度总结,策划内容比较抽象;创意策划主要是"线"式策划,是把"点子"图像化,是"点子"抽象到形象的过程;系统策划主要是"面"式策划,是把"点子""创意"条理化、文案化,策划内容更加具象;整合策划

主要是"体"式策划,是"点子""创意""系统方案"的复合化,内容包罗万象。活动策划是一个从点、线、面、体策划,从抽象、形象、具象、万象不断具体、深化的过程,通过对会展活动理念的概括、图像的描绘、文案的编写、资源的整合进行方案选优、科学决策,最后组织实施的过程(见图 11-1)。

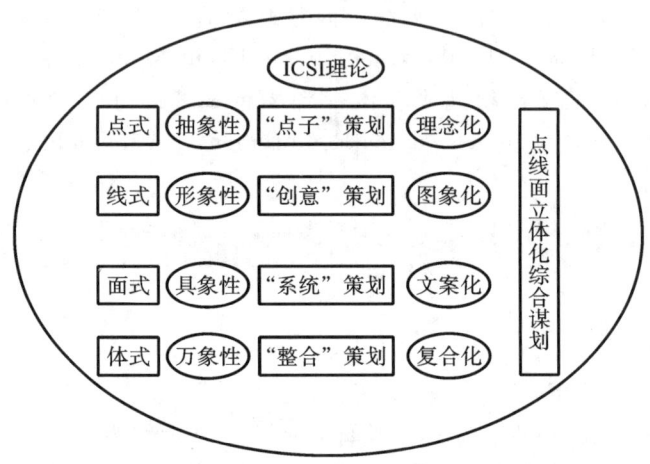

图 11-1 会展活动策划整合理论模型

(一)点子策划

现实生活中许多人常常灵机一动就会产生许多点子。我们所说的"点子",就是指经过思维产生的解决问题的主意和办法。"点子"是智慧的高度浓缩,点子策划就是把策划的要义通过抽象和提炼集中在某一点上,抓住事物的本质和关键。节事活动项目需要"点子"策划,"点子"准就有市场,"点子"不准就没有市场。会展公司为了适应市场的需求,需要不断改进和创新活动的主题、内容和形式,为了解决这个问题,大家群策群力、出谋划策提出改进的主意和办法就是点子。

(二)创意策划

创意策划就是把"点子"进行连贯起来的思索,把各种好点子、金点子进行联想、丰富创意,把各种"点子"串联成"线",通过形象思维,尽量把各种"点子"想象成不同的画面,并结合创作设计等辅助手段把创意图像化表现出来,以便让人有一个完美的观感和准确的判断。

(三)系统策划

系统策划是指把决策的事物作为一个系统来研究,把节事活动项目作为一个整体,并把这个整体分解为若干子系统,在揭示影响子系统的环境、社会、经济、文化等各项因素及相互关系并对获取的信息进行综合整理、分析、判断和加工的基础上,选择出最优方案的策划方法。这种策划方法又叫作系统分析策划法,主要特征就是从整体的角度揭示出整体下各局部所产生的影响和相互关系,从而找出系统整体的运动规律,并分析达到目的的途径。

(四)整合策划

整合策划就是从资源整合的高度,把节事活动的点子、创意、系统,主题、内容、形式,人、财、物、信息,主办方、承办方、协办方、支持方,组织者、赞助商、广告商、媒体传播等进行全方位思维立体化思考,从会展活动的点、线、面策划,上升到立体、多维的"复合"策划,事无巨细,面面俱到、疏而不漏。"点子"是想法,"创意"是思路,"系统"是全局,"整合"主要是对社会资源的综合运用,即通过社会资源的最后整合,形成节事活动方案。整合策划的标志性成果,就是必须形成详尽的策划方案。

三、节事活动策划的创意思维方法

（一）头脑风暴法

该方法的主要价值是工程工作小组人员在正常融洽和不受任何限制的气氛中以会议形式进行讨论、座谈,打破常规,积极思考,畅所欲言,充分发表看法。头脑风暴何以能激发创新思维在于以下几点:①联想反应。联想是产生新观念的基本过程。在集体讨论问题的过程中,每提出一个新的观念,都能引发他人的联想。相继产生一连串的新观念,产生连锁反应,形成新观念堆,为创造性地解决问题提供了更多的可能性。②热情感染。在不受任何限制的情况下,集体讨论问题能激发人的热情。人人自由发言、相互影响、相互感染,能形成热潮,突破固有观念的束缚,最大限度地发挥创造性地思维能力。③竞争意识。在有竞争意识的情况下,人人争先恐后,竞相发言,不断地开动思维机器,力求有独到见解,新奇观念。

（二）三三两两讨论法

该方法是指每两人或三人自由组成一组,在三分钟限时内,就讨论的主题,互相交流意见及分享。三分钟后,再回到团体中作汇报。这种小组活动重点在于能让参与者就研讨的问题,进行较深入的讨论、分析及分享。该方法的目的重点在于能让参与者就讨论的主题或问题,进行较深入的分析及分享。

（三）心智图法

该方法是一种刺激思维及帮助整合思想与信息的思考方法,也可说是一种观念图像化策略。此方法采用图志式的概念,以线条、图形、符号、颜色、文字、数字等各样方式,将意念和信息快速地以上述各种方式摘要下来,成为一幅心智图。它在结构上具备开放性及系统性的特点,让使用者能自由地激发扩散性思维、发挥联想力,又能有层次地将各类想法组织起来,以刺激大脑做出各方面的反应,从而得以发挥全脑思考的多元化功能。

（四）曼陀罗法

曼陀罗法是一种有助扩散性思维的思考策略,利用一幅像九宫格的图,将主题写在中央,然后把由主题所引发的各种想法或联想写在其余的八个方格内,与以往条列式笔记相比较,可得到更好的视觉效果,形成能诱发潜能的"魔术方块",因为思想唯有在向四面八方发展之时才可能产生创意。曼陀罗法认为,人类思考必在感觉器官感觉事物之后,利用曼陀罗图形予以系统化,给予有方向感的利用,潜能便可在连续反应下持续被激发。

（五）逆向思考法

该方法是相对于顺向思维法的一种创意思维方法,就是在一个事情的反面或者另一个角度来思考,好多事情用普通的逻辑思维往往想不到解决方法,可以试着换个角度来想一下就会得到很多的答案。通过逆向思考可获得创造性构想,如能充分加以运用,创造性就可加

倍提高了。

（六）分合法

分合法是指以外部事物或已有的发明成果为媒介，并将它们分成若干要素，对其中的元素进行讨论研究，综合利用激发出来的灵感，来发明新事物或解决问题的方法。该方法的创造者戈登教授发现，当人们看到一件外部事物时，往往会得到启发思考的暗示，即类比思考，而这种思考的方法和意识没有多大联系，反而是与日常生活中的各种事物有紧密关系。事实证明，我们的不少发明创造、不少文学作品都是由日常生活的事物启发而产生的灵感。戈登由此想到，可以利用外物来启发思考、激发灵感解决问题，这一方法便被称为分合法。

（七）属性列举法

该方法是由克雷福德（Crawford）于 1954 年提倡的一种著名的创意思维策略。此法强调使用者在创造的过程中观察和分析事物或问题的特性或属性，然后针对每项特性提出改良或改变的构想。例如活动项目 SWOT 分析模型，可以把优势、劣势、机会、威胁进行属性列举，最后决策是否举办、如何举办本次活动。

（八）希望点列举法

这是一种不断地提出"希望""怎么样才会更好"等等的理想和愿望，进而探求解决问题和改善对策的技法。例如节事活动举办方和赞助方的期望值和希望点是不尽相同的、主办方关注资金或实物赞助以利于活动顺利进行，赞助方则关注赞助回报有利于扩大产品知名度，从而进一步扩大销售，运用本法就是要把主办方和赞助方的希望点列举出来，通过希望点列举法可以发现双方利益交集点。

（九）检核表法

检核表法是指美国创造学家奥斯本率先提出的一种创造技法。它几乎适用于任何类型和场合的创造活动。这种技法的特点，就是根据需要解决的问题，或需要创造发明的对象，列出有关的问题，然后一个个来核对讨论，以期引发出新的创造性设想来。

（十）KJ 法

KJ 法的创始人是日本文学家川喜田二郎，KJ 是他姓名的英文缩写。川喜田二郎在多年的野外考察中总结出一套科学发现的方法，即把初看上去根本不想收集的大量事实如实地捕捉下来，通过对这些事实进行有机的组合和归纳，发现问题的全貌，建立假说或创立新学说。KJ 法所用的工具是 A 型图解，它就是把收集到的某一特定主题的大量事实、意见或构思收集起来，根据其内在的相互关系作成归类合并图，以便从复杂的现象中整理出思路，抓住实质，找出解决问题的途径。

知识链接 节事运作向突出主题、注重文化创新转变

以往的节事活动被地方政府赋予政治和经济使命，活动主题既要与当时的政治主旋律一致，又要考虑地方政府招商引资的需求，还要突出地方文化特色。结果

造成两个问题：一是各地的节事活动主题重复；二是节事中设计的若干项主题活动使节事主题无法突出。而在文化创新方面，地方政府的保守心理、跨部门沟通障碍、节事管理者创新意识不足等因素都使节事活动的文化创新过程艰难。

随着政府在节事工作中角色的转变，节事活动得到减负，节事企业在主题选择方面主动性更强，各项节事内容的安排也能更加集中。同时，在创新驱动成为我国今后的主要经济动力以及文化产业成为我国重点发展产业的背景下，节事产业的文化创新将在今后一段时间内受到重视。

节事活动的主题选择和文化创新，需要遵循几个原则：一是符合当地实际，充分利用地方优势产业与传统文化；二是符合旅游者和当地居民的消费需求；三是符合时代精神。就文化创新而言，节事活动的文化创新包括内容和形式的创新，如传统文化的现代化包装、节事活动项目演出模式的创新等。此外，文化创新还需与设备技术创新、开发创新、组织管理和制度创新等相互配合。

（资料来源：戴光全，张洁，孙欢. 节事活动的新常态[J]. 旅游学刊，2015(1). 内容有删减.）

本章小结

广义的会展包括展览、会议、奖励旅游和节事活动四个部分，这些活动在策划和管理上有很多的共性。但是，由于不同的会展活动在具体目的和功能上有差别，所以它们的策划和管理上还是有一些差异性。本章主要讲述了奖励旅游和节事活动的策划与管理基础知识。

奖励旅游的策划与组织比一般传统的团队旅游更为复杂，会展企业需要做好活动前了解、预算审核、行程设计规划、效果评价等工作，并与企业进场充分沟通获得企业确认，以及应对旅游过程中的各种变动。

在现代社会，节事活动的规模越来越大，组织越发严密，节事的专业性也越来越高。节事活动策划与管理的知识体系也正逐步建立，一些战略管理、运营管理、项目管理的知识和方法都被纳入节事策划与管理的知识体系中。

关键概念

广义会展　奖励旅游　节事活动　活动策划整合理论

复习思考题

1. 广义的会展活动包括哪些内容？
2. 奖励旅游与传统的团队旅游相比，在行程规划上有什么特点？
3. 与其他会展活动相比，节事活动具有哪些特性？

专题篇

ZHUANTIPIAN

会展品牌策划与管理

- 掌握会展品牌概念、内涵，了解会展品牌个性与价值。
- 能够运用会展品牌定位的原理、策略和流程对某一会展品牌进行定位实践。
- 理解会展品牌识别系统要素和规划过程。
- 了解会展品牌经营管理的流程和基本原则。

案例引导　中国商品展已经成为阿联酋最知名的展会

　　中阿各界领导出席了 2017 迪拜 Homelife 品牌展开幕式并致辞，祝贺展会顺利举办，期待中阿两国有更多的贸易往来。国内外众多领导参观了现场多家企业，多家媒体关注迪拜展并进行了报道。

　　迪拜 Homelife 品牌展已经成为中东地区令人关注的中国品牌营销平台，不但吸引了海湾各国的商人，更吸引了中东王室、政要慕名而来。展会第二天 Sharjah 沙迦王室的王后莅临展会参观并选购，优质的中国产品让王后爱不释手，表示中国商品展已经成为阿联酋知名的展会，她将鼓励更多的阿联酋企业家参与我们展会。

　　沙伽王后参观河北品牌展区，对木绘工艺赞不绝口，非常喜爱河北百年巧匠文化传播股份有限公司赠送的中国熊猫木绘艺术作品。随后来到了河北广顺箱包工业有限责任公司，其 Komers 品牌的户外专业摄影包深受沙伽王后及随行人员的喜爱，沙伽王后幽默地表示"以后摄影包有着落了"。

　　国外的会展业发展得非常成熟，有很多年的历史，而从国际知名展会的发展来看，几乎

完全是以市场化的方式吸引参展商。欧美秉承了它们数百年的工业发展历史,它们的现代服务业也与其工业发展一脉相承,特别注重品牌的塑造、推广和维护。现在,国际知名展会的举办本身就是一种品牌的象征,一种专业化的号召力,如德国汉诺威展览、法兰克福展览、意大利米兰展览已在世界上享有盛誉,是品牌化的著名代表。

第一节 会展品牌概述

一、会展品牌内涵

品牌文化具有狭义和广义之分,狭义定义是为品牌赋予的文化内容,广义的品牌文化是指由企业构建的被目标消费者认可的一系列品牌理念文化、行为文化和物质文化,是结晶在品牌中的经营观、价值观、审美因素等观念形态及经营行为的总和。它能给消费者带来满足,具有超越商品本身使用价值的效用。

会展品牌是能使一个会展与其他会展相区别的某种特定的标志,是具有一定规模,能代表这个行业内的发展动态,能反映这个行业的发展趋势,能对该行业有指导意义并具有较强影响力的会展。

会展品牌的内涵体现在会展的内在服务质量与外在形象的高度统一上。其内在质量体现在展会定位的清晰性、展会服务质量的规范化、目标参展商与观众的适合性、展会组织运作的协调性和展会的竞争优势性,反映着会展企业实施品牌战略的机会、管理与营销的状况;其外在表现是指展会的外在知名度和影响力,反映了会展营销推广、品牌传播等情况。

（一）会展定位的清晰化

由综合性展会向专业性展会转变是国际展会的发展趋势,打造品牌会展,首先应找准自己的定位。如宁波国际服装博览会一开始就定位在男装展上,事实证明,这个定位不仅顺应了世界会展产业的发展潮流而且真正树立了中国男装博览会的第一。

（二）会展服务质量的规范化

规范化是产业发展成熟的标志。在发达的市场经济国家,会展业已是一个成熟的服务业,有一套规范的服务体系。中国加入世界贸易组织以后,中国展览业逐步与国际展览业接轨,要想在国际竞争中占有一席之地,就必须加快规范化的进程。

品牌会展提供的是高质量的服务,这种服务贯穿于整个展览会的展前、展中、展后,它既包括餐饮、仓储、运输、打印、出租影像设备等配套服务,也包括在展会期间提供的广告位租赁、广告设计和制作等专门服务。规范化不仅能使展会的功能和价值满足参展商和观众的需求,而且使展会品牌具有明确性、差异性、专业性特征,更容易被大众认知。

（三）目标受众价值需求的适合性

现代会展业已不是单纯的产品展示交易场所,而是各方价值取向综合展示的平台。要通过对参展商与观众的价值需求进行分析,结合其认知习惯、需求,对展会的内容、服务市场、产品市场、目标客户进行科学定位,对展会的核心价值进行评估,以提高品牌展会的核心竞争力。

（四）会展组织管理的协调化

品牌展会主要针对的是高端市场，其价值层面不是单一的、死板的产品层面，任何商人或参观者参观展览会不仅仅是为了寻找产品，而是为满足其个性化需求。

会展组织运作的协调性体现在以下几个方面：一是展会组织者对组织系统内部各部门和推广、营销环节的协调。品牌展会的运作必须统一形象标志、经营理念、行为标志等，并渗透到内部的每一个营销环节，以高效的管理、优质的服务提高展会的服务质量。二是展会组织者与合作伙伴之间的协调。合作伙伴包括展会营销代理商、分销商、广告商、旅游服务、展览搭建、宾馆酒店、保险、运输、海关等，展会组织者必须与合作伙伴形成共同的价值观和完善的价值链，以保证展会核心价值的长期稳定，使展会"质量"不致在中途受损。三是展会周期与"展品"市场周期的协调。展会周期的把握依赖于对"展品"市场周期的分析。不断协调展会周期与"展品"市场周期的关系，调整"展品"功能，使展会品牌不断延伸，使展会的"质量"得到长期稳定的发展。

（五）会展品牌的竞争优势性

品牌所体现出的展会的竞争优势是随时代的变迁而变化的。在不同时代，参展商和观众的需求水平、结构及兴趣会有很大差异，这必然导致参展者与观众对质量的评估标准发生变化。因此，品牌展会的营销推广要不断地调查市场、分析市场、把握市场走向、研究展会服务对象的习惯与需求的变化，在动态中去寻求品牌的管理与营销方法。

二、会展品牌个性

虽然很早就有学者运用人格的定义对品牌个性进行定义，但学术界对品牌个性概念界定还存在一些分歧。其中最主要的分歧表现为品牌个性与品牌形象的关系，这种分歧导致品牌个性定义分为两大派系。

（一）品牌形象论

20 世纪 80 年代以前，大部分学者认为品牌个性就是品牌形象，并将品牌形象定义为"购买者人格的象征"（Birdwell，1968；Feeling and Forbes，2005），甚至有一部分学者直接将品牌个性与品牌形象统称为"品格"（Bellenger，Earle and Wilbur，1976）。品牌形象过分强调了品牌个性与品牌形象的一致性，而没有加以区别，它主要存在于品牌个性理论研究的初期，并已经逐渐被学者们否定。

（二）品牌形象维度论

目前，大部分学者比较赞同"品牌个性是品牌形象（品牌表现、品牌个性、公司形象）的一个重要构成维度，而非唯一构成维度"的观点（Keller，1993；Hayes，2000）在大部分品牌个性研究的过程中，学者们更多地偏重于基于消费者视角的品牌个性定义，即品牌所体现出来的一套个性特征。

Keller（2003）把公司品牌个性定义为公司所有员工作为整体所具有的人格特征或特质，它所涉及的内容比产品品牌个性的内容更广，并指出公司品牌个性包括 Creative（创意）、Collaborative（协作）、Passionate（热烈）、Compassionate（体恤）、Agile（敏捷）、Disciplined（纪

律)六个维度。

三、会展品牌价值

品牌价值是品牌管理要素中最为核心的部分,也是品牌区别于同类竞争品牌的重要标志。迈克尔·波特在其品牌竞争优势中曾提道:"品牌的资产主要体现在品牌的核心价值上,或者说品牌核心价值也是品牌精髓所在。"

会展主题是会展品牌价值的核心,品牌推广的意识也是品牌价值提升的重要因素,强强联手是快速提高会展品牌价值的一个有效途径。

品牌作为一种有特殊信息意愿的集合体,以最精炼的方式向消费者传递了有关产品或服务的信息,成为一种重要的识别工具。良好的会展品牌是消费者区分产品的基础,消费者可以通过品牌辨别来购买产品并形成习惯,从而节省比较、挑选的时间。在广告充斥、信息爆炸的时代,消费者可凭借对品牌的认知度来降低购买过程中消耗的时间、体力与精力成本。

品牌也是产品或服务的质量和信誉的象征,它集中体现了人们对该产品或服务的综合评价。因此,"认牌"购买会展产品或服务,就可以获得相应质量上和信誉上的保证,免去后顾之忧或意外风险,给消费者一种心理上的安慰和保证。尤其是对会展产品而言,它是一种以服务为主体的产品,具有无形性、生产与消费同时性等特点,消费者在初次购买时无法通过查看实体来感觉产品的质量,因此品牌便成了消费者可以信赖的因素。

品牌作为会展企业重要的无形资产,本身可以被买卖、转让与出借。谁拥有了著名的品牌,谁就拥有了市场上的"点金术"。

在现实产品和潜在生产能力大于市场需求的情况下,品牌是会展企业竞争优势的主要源泉和富有价值的战略财富,以品牌培育会展企业的竞争力已成为现代会展企业竞争的主要战略。

第二节　会展品牌定位

一、会展品牌定位的界定

会展品牌定位是在会展定位的基础上,针对目标市场的特点,确立一个独特的会展品牌形象的过程。会展品牌定位不同于会展定位,会展品牌定位更多的是从传播的角度去考虑目标客户对会展及其品牌产生怎样的认知;而会展定位则是从会展本身的角度出发,确定会展产品差异化。会展定位的差异化主要是通过产品本身如功能、场馆、展位等有形因素来实现的。而会展品牌定位则不同。会展品牌定位不仅仅是为了实现产品差异化,更是为了实现品牌差异化。随着会展市场竞争的日趋加剧,同一题材的会展产品的差异化越来越难以形成,对目标客户吸引力也越来越小,因此会展企业要关注并充分利用会展产品的风格、文化、个性等无形因素及其给客户带来的精神和情感利益,来塑造会展品牌独特而有价值的形象,并通过各种传播手段将一个符合会展定位的会展品牌形象深植于客户的心目中。可见,会展品牌定位和会展定位是既有联系又有区别的。

从定位的发展看,会展定位是初级层次,而会展品牌定位则是会展定位发展到一定阶段的产物,它是全新的、定位的高级层次。会展品牌定位的依据,就是品牌差异化。其主要内容包括规模差异化、服务差异化、价格差异化、产品差异化、客户差异化和营销手段差异化以及会展文化差异化等。其品牌定位的关键是在目标市场上提供一种差异化的利益,创造一种差异化的竞争优势。然而,这种差异化的利益,只有在目标客户的心目中占有一定的位置时,才能转化为差异化的竞争优势。

二、会展品牌定位的原理

(一)提升会展定位

品牌不同于产品,品牌是在产品的基础上对产品的一种提升或升华,为产品附加了更多的价值、意义和想象空间。若将会展看成是一件产品,那么会展与会展品牌之间的关系也是这样。对会展品牌的定位不能脱离会展定位而存在,会展品牌定位是在理解会展定位的基础上对会展定位的进一步提升或升华。

(二)确定目标受众

品牌定位必须确定一个特定的目标受众,也就是品牌的目标传播对象。与会展定位不同,会展品牌定位的目标受众不仅包括会展的目标参展商和观众或参会代表,它还包括其他与会展相关的社团和群体。会展品牌定位是站在会展目标受众的角度上来策划的,因此,会展品牌定位要积极考虑其目标受众的需求和期望。

(三)赋予品牌个性

会展品牌定位不是对会展定位的简单重复,它是在会展定位的基础上赋予会展独特的个性,这种个性就是品牌为产品附加的价值主张、意义和想象空间。品牌的个性比会展特征具有更好的系统脉络,它常常被整合成一套系统的陈述,作为对会展品牌名称、Logo 和标识语的解释和补充。

(四)确定传播内容

会展品牌定位只有将其核心内容或价值传播给目标受众才能发挥作用,所以,确定品牌传播的内容和积极传播品牌形象的品牌定位必须通过一系列的有形展示才能更好地被其目标受众接受。因此会展品牌名称、Logo 和标识语以及色彩作为对会展品牌形象进行有形展示的主要载体,必须紧紧围绕会展品牌定位来设计,不能游离会展品牌定位之外。

(五)创造差异化优势

在进行会展品牌定位时,要充分考虑到竞争者的特点以及本会展与竞争者的相对关系,并在这种相对关系中寻找到自己的竞争优势,让品牌形象牢牢地深植于目标受众的心目中,由此可见,创造品牌差异化优势是会展品牌定位的出发点和落脚点。不同的会展其市场地位各不相同,不同的会展其竞争对手各异,因此,在给具体某一会展品牌定位时,要依据上述原理,区别对待,灵活掌握。

三、会展品牌定位策略

会展品牌定位策略就是指以会展目标客户需求为导向,拟定的品牌定位方式或方法。会展品牌定位是一项多角度、全方位的系统工程,不仅涵盖了会展的行业和目标客户选择,会展的类型、规模、价格、服务、功能、利益和性价比等方面的确定,而且也包括企业形象、产品形象等的定位。因此会展品牌定位的策略应包括会展市场定位、会展产品定位和品牌形象定位,三者缺一不可。会展产品定位是会展品牌定位基础,会展市场定位是会展品牌定位导向,会展品牌形象定位是会展品牌定位灵魂,三位一体构成了会展品牌定位策略的全部内容。

(一)会展市场定位——导向

会展市场定位是指会展企业按行业的特点,在市场细分的基础上确定品牌会展将要进入的目标市场或目标客户群的过程。简而言之,就是会展企业对目标市场或目标客户群的选择。会展企业在进行市场定位时,应考虑品牌会展的长远发展,选择那些有发展前景的、能充分发挥企业自身优势的目标市场或目标客户群。具体定位方式有会展市场类别定位、目标客户定位等。

1. 市场类别定位

市场类别定位就是会展企业按市场划分的标准对会展市场进行分类选择。根据不同划分标准,会展可分为不同的类别。从覆盖面来分,会展可分为国内会展和国际会展;从内容方面来分,会展可分为综合性会展和专业性会展。会展企业是定位综合会展,还是专业会展;是国内会展,还是国际会展,主要视企业的规模、经济实力、发展战略和会展所服务的行业的特点等而定。一般而言,定位国内会展市场或专业会展市场,往往是一些小型会展企业、处于发展初期阶段的会展企业或初次进入某目标市场的大型国际会展企业的选择;而定位国际会展或综合会展市场,则是正在走向成熟、或已发展成熟的大型综合会展企业的选择。

2. 目标客户定位

会展目标客户定位又称使用者定位,就是对参加会展的目标客户群的一种选择,主要包括参展商、参展观众或参会者的地域、行业、质量和数量的确定。会展品牌定位必须以目标客户需求为导向,没有相当数量的忠实客户作支撑,就不可能有品牌定位,因此,目标客户定位是会展品牌定位策略的一项重要策略。会展的终极服务对象是参展商、参展观众或参会者,因此会展企业在进行品牌定位时,要对他们进行客观分析,充分了解和掌握他们的消费取向,以他们满意为根本,使之成为本会展品牌的忠诚客户。

(二)会展产品定位——基础

会展产品定位就是给产品在会展市场上确定一个适当的位置。产品定位是品牌定位的支撑,是塑造会展品牌的基础,没有准确的产品定位,品牌定位将成为无源之水,无本之木。会展产品定位的具体方式主要包括服务定位、规模定位、特色定位、利益定位、功能定位、价格定位、性价比定位、展品定位、会展城市或场馆定位、时间定位等。

1. 服务定位

服务定位就是对会展服务水准的选择,主要包括会展前、会展中、会展后所提供的一系列服务项目和内容,以及制定的相应服务标准。会展企业对服务的定位应根据自身实力而定,不能盲目攀比,为吸引目标客户而把服务标准定得过高,以至于因达不到承诺的服务标准而降低在客户心目中的可信度,这是服务定位的最大忌讳。

2. 规模定位

规模定位就是确定会展展出面积、参展商和观众的数量或参会人数的总量。一般来说,会展规模定位应根据会展所属行业的特点、客户和观众数量、场馆大小等因素综合考量来确定。

3. 特色定位

特色定位就是根据会展所具有的某一项或几项鲜明的特色来定位。用来定位的会展的特色应是参展商和观众或参会者所重视的,并且是他们感觉得到的,还是能给他们带来某些利益的。

4. 利益定位

利益定位就是直接将会展能带给参展商和观众或参会者的主要利益来定位。与特色定位一样,用来定位的"利益"可以是一项或者多项。

5. 功能定位

功能定位就是根据会展的主要功能来定位。会展具有展示、交易、信息、发布、交流和寻求代理商等诸多功能,若本会展在一项或几项功能方面优势明显,又符合会展题材所在产业的需要,就可以用它们来定位。

6. 价格定位

价格定位就是按展位价格或会务价格给会展产品定位。对于不同的会展,价格定位的侧重点应有所不同,对于贸易展,重点应在于确定展位费,而对于消费展,除了展位费外,门票的价格也是一个重点考虑因素。

7. 性价比定位

性价比定位就是按会展产品品质价格的对比关系来定位。例如,将会展品牌定位为"高品质高价格""高品质中价格""低品质低价格"等等。除了上述几种产品定位方式外,还有展品定位、会展城市或场馆定位、时间定位等。

(三)品牌形象定位——灵魂

会展品牌形象定位就是从传播的角度对品牌形象的描述,以提升目标客户对品牌的准确认知,从而形成品牌联想,提高其忠诚度。品牌形象定位的方式主要包括产品形象定位、企业形象定位、文化形象定位和比附形象定位等。

1. 产品形象定位

产品形象定位就是通过对会展的差异化和个性化特征的描述而设定的会展产品形象,它是会展内外在形象的统一体。就外在形象而言,它主要通过会展名称、标识和商标来表现的;就内在形象而言,它主要是通过产品质量和提供的服务来表现的。

2. 企业形象定位

企业形象是指会展企业整体形象在社会公众心目中的地位、感受和评价,以产品形象作支撑。企业形象定位就是对会展企业整体形象所作的界定。要准确地进行企业形象定位,必须把握好会展的行业特征和本企业的特质。行业特征是会展企业形象的外在属性,是确定企业形象的基础;企业特质是确定企业形象的内在属性,它是决定企业形象定位的根本。因此,在运作中要正确处理好两者之间的关系。

3. 文化形象定位

文化形象定位就是将普通的会展品牌升华为情感象征物,以获得客户心理认同和情感共鸣,使品牌形象根植于客户的脑海中,达到稳固和扩大市场目的的一种定位方式。如大连国际服装节从 1988 年至今已成功举办 30 届,现已成为引领世界服饰潮流、弘扬服饰文化的大型节庆活动,国人只要一谈到服装节,便可想到大连国际服装节。这就是一个成功的文化形象定位的经典之作。

4. 比附形象定位

比附形象定位又称比附定位或反衬定位,就是以客户所熟知的会展品牌形象作比照,反衬出会展企业自身品牌的特殊地位与形象的做法。就其实质而言,它是一种借势定位。借背景(作参照物或比附对象的品牌)之势,烘托自身品牌形象。比照的对象主要是指那些在本行业具有领先地位的会展。如湖南长沙橘子洲世界城市论坛的定位为"世界的橘子洲,中国的达沃斯",就是典型的会展比附形象定位。

四、会展品牌定位的流程

(一)发现潜在的竞争优势

所谓竞争优势,就是本会展能比其他同类会展给目标客户带来更多的价值,包括会展成本优势、会展功能优势等。会展成本优势是在同等的条件下,本会展的成本要低于其他同类会展,成本优势可以转化为价格优势和其他优势。会展功能优势是本会展能提供更符合目标客户需要的会展功能。一般来说,会展具有展示、交易、信息、发布、交流、合作、招商等诸多功能。一个会展品牌只要发掘其中的某一项或几项功能优势,就会在同类会展中形成一定的比较优势。而一个会展品牌究竟具有哪方面的潜在竞争优势,可以结合本会展的定位,采用 SWOT 分析方法来分析(即进行优势、劣势、机会、风险比较分析)。

(二)评估潜在竞争优势

将潜在的竞争优势转化为现实的竞争优势是需要条件和成本的。有些潜在竞争优势可能不具备转化成现实竞争优势的条件,有些可能因为转化的成本太高而不值得转化,还有一些可能不适合会展的定位而必须放弃,所以,并不是所有的潜在优势都有价值,必须对它们有所选择。在比较、选择和审定时,必须注意以下几个问题。

第一,差异明显。它是其他同题材会展所不具备的,即使具备,本会展也能以更优越的方式提供。这种优势,就是本会展的核心竞争力,其他同题材会展将很难模仿。

第二,感知容易。这种优势对于目标客户来说是极易理解和感知的,并且正是他们所期望的一种价值回报。

第三,经济性强。目标客户通过参加本会展获取的利益比通过其他方式要来得优越,他们也愿意为获取该利益而支付有关费用,并且也付得起这种费用。

第四,盈利性好。除将潜在优势转化为现实优势是可行的外,会展机构是有利可图的,这种付出是值得的。只有具备了上述条件的潜在优势才可列入考虑的范围,否则,就不予以考虑。

（三）明确潜在竞争优势

并非所有满足了上述条件的潜在优势都应包含在会展品牌定位之中。会展品牌定位到底要传播哪些优势,还要结合会展的定位和参展商与观众或参会代表对会展的期望来做出选择。某一品牌会展是侧重于交易,还是展示、交流、研讨;是以提供的服务见长,还是以能寻求代理商占优。但在很多时候,客户参加会展的目的不是单一的,而是多重的。所以,最后确定的优势不一定就是某个单一的优势,而是多重优势的综合体。

（四）传播独特的竞争优势

这一流程的主要任务是会展企业要通过一系列的宣传促销活动,将其独特的竞争优势准确地传递给目标客户,并在客户心目中留下良好的印象。为此,第一,会展企业应使目标客户了解、知道、熟悉、认同、喜欢和偏爱本会展产品,在目标客户心目中建立与品牌定位相一致的形象。第二,会展企业通过一切努力强化品牌形象,保持与客户的关系,稳定客户的态度和加深客户的感情来巩固与品牌相一致的形象。第三,会展企业应注意客户对品牌定位理解出现的偏差或由于会展品牌定位宣传上的失误而造成品牌诉求主题模糊、混乱和误会,及时纠正与品牌定位不一致的形象。

第三节　会展品牌识别系统

知识链接　　　北京车展的品牌识别系统

北京车展作为国际 A 级车展,两年举办一届,每一届都有明确的主题,如 2012 年主题是创新、跨越;2014 年主题是汽车、让未来更美好,2016 年主题是创新、变革。展会有了主题,就像人有了思想,我们所有的行动都由思想来控制。展会的行动 VI 系统设计(Logo 设计、环境布置、海报设计)和 BI 策划(展区划分、活动设计等)都将围绕展会主题(MI)展开。北京车展就很好地做到了这一点,每一届都有创新的主题,而主题之间既有变化又有其内在连贯性,北京车展标志、主题色设计、现场环境布置等 VI,系统均围绕着主题展开。

在 BI 展区设置方面,北京车展作为国际顶级车展,展示总面积达 23 万平方米,需要同时动用北京中国国际展览中心新馆和老馆。其中顺义新馆展出整车,静安庄老馆展出零部件,把不同需求的专业观众进行了有效区分,避免拥堵和无效观

众。展会每届根据行业发展的新动向、新潮流设置新的展区,北京车展在历届展区设置的基础上新开辟了"新能源车展区",展区内汇集了部分国内外著名品牌的电动车,集中展示中外汽车业在电动汽车设计和制造上取得的最新成果。同时新增了"汽车制造装备展区",围绕智能制造,集中展示多种智能化的汽车及零部件制造技术和装备,包括智能化的工业机器人、数控机床工具、精密检测设备等,将为展会增加新的亮点。新增设的展区紧跟行业发展趋势,贴合政策热点,符合展会创新变革的主题。

一、会展品牌识别系统的要素

(一) MI

MI(Mind Identity)即理念识别,它是确立企业独具特色的经营理念,是企业生产经营过程中设计、科研、生产、营销、服务、管理等经营理念的识别系统,是企业对当前和未来一个时期的经营目标、经营思想、营销方式和营销形态所作的总体规划和界定。主要包括企业精神、企业价值观、企业信条、经营宗旨、经营方针、市场定位、产业构成、组织体制、社会责任和发展规划等。MI属于企业文化建设的范畴。

品牌理念系统是品牌最核心的内容,是在对目标受众的文化特征消费心理需求进行分析的基础上,对会展品牌进行的观念的提出、口号的提出,个性的塑造及价值观的提炼,为以后品牌建设与延伸奠定基础。

(二) BI

BI(Behavior Identify)被称为行为识别,直接反映企业理念的个性和特殊性,是企业实践经营理念与创造企业文化的准则,对企业运作方式所作的统一规划而形成的动态识别系统。包括对内的组织管理和教育,对外的公共关系、促销活动、资助社会性的文化活动等。通过一系列的实践活动将企业理念的精神实质扩展到企业内部的每一个角落,汇集起员工的巨大精神力量。BI包括以下内容。

(1)对内:组织制度、管理规范、行为规范、干部教育、职工教育、工作环境、生产设备、福利制度等。

(2)对外:市场调查、公共关系、营销活动、流通对策、产品研发、公益性、文化性活动等。

品牌形象维度论中所描述的 Creative(创意)、Collaborative(协作)、Passionate(热烈)、Compassionate(体恤)、Agile(敏捷)、Disciplined(纪律)六个维度的外在形象表征就是行为识别的具体体现。

BI是由会展企业理念诉诸计划的行为方式在组织制度与结构设置、内部与展会管理、志愿者培训、员工行为规范、企业公共关系、营销活动、公益事业中表现出来的组织行为。比如对于展会员工而言,不管是正式员工还是志愿者,都应该衣着得体、举止优雅。温和文雅的言行、举止、风度让客户接受你,尊重你。这些行为有助于提升承办方和组委会的品牌形象,也有助于提升城市形象。展会除了给参展者满意的经济目标之外,还应该给会展参与者一种舒适的、轻松愉悦的感觉。

对于一个品牌展会而言,服务与管理人员至少应该体现出服务的展会专业性、展会的产业烙印、展会的专业特长,并体现出特有的展会细节优势。

(三) VI

VI(Visual Identity)即企业 VI 视觉设计,是企业 VI 形象设计的重要组成部分。随着社会的现代化、工业化、自动化的发展,加速了优化组合的进程,其规模不断扩大,组织机构日趋繁杂,产品快速更新,市场竞争也变得更加激烈。另外,各种媒体的急速膨胀,传播途径不一而从,受众面对大量繁杂的信息,变得无所适从。企业比以往任何时候都需要统一的、集中的 VI 设计传播,个性和身份的识别因此显得尤为重要。在会展品牌系统中,由于 VI 的直观性、感染力和传播力,最容易被公众接受,具有重要的意义。

VI 系统就是由现场布置、展会吉祥物、展会宣传册、展会标准色、展会标准字、展会标准信封和信笺、展会广告设计等符号、颜色、标志所构成的系统。如厦门投洽会把国际展览业协会(UFI)认证标志放在官方网站的首页,与展会的标志放在一起,从展会的视觉识别系统上凸现展会的品牌。

进行 VI 策划设计必须把握同一性、差异性、文化性、有效性等基本原则。

1. 同一性

为了达成企业形象对外传播的一致性与一贯性,应该运用统一设计和统一大众传播,用完美的视觉一体化设计,将信息与认识个性化、明晰化、有序化,把各种形式传播媒体上的形象统一,创造能储存与传播统一的企业理念与视觉形象,这样才能集中与强化企业形象,使得信息传播更为迅速有效,给社会大众留下强烈的印象与影响力。

2. 差异性

企业形象为了能获得社会大众的认同,必须是个性化的、与众不同的,因此差异性的原则十分重要。一味地模仿只能失去自己真正的核心影响力,沦为"山寨"一流。借知名品牌上位是一种短视的做法,短期内也许能够取得一定的效果,但对于企业长久、良性的发展有着绝对的制约作用,企业是否能进入世界强企的行列,是否能够基业长青除了需要有质量过硬的产品之外,必须还要有过硬的企业文化,VI 就是企业文化的一种外在表征。以小看大,中国在商标价值百强里边没能占到一席之地,相信也是此原因。

3. 文化性

美国、日本等众多企业的崛起和成功,民族文化是其根本的驱动力,驰名于世的"麦当劳""肯德基"独具特色的企业形象,就展现出了美国生活方式的快餐文化。除了文化传承的特性以外,还可以将发展历程的传承在内。

4. 有效性

有效性是指企业经策划与设计的 VI 计划能得以有效地推行运用,VI 不仅仅是一个装饰物,它还是一个企业的象征,因此能够操作和便于操作,即其可操作性是一个十分重要的问题。

企业 VI 计划要具备有效性,能够有效地发挥树立良好企业形象的作用,首先在其策划设计必须根据企业自身的情况、企业的市场营销的定位,在推行企业形象战略时确立准确的

形象定位,然后以此定位进行发展规划。在这点上协助企业导入 VI 计划的机构或个人负有重要的职责,一切必须从实际出发,不能迎合企业领导人一些不切合实际的心态。

要保证 VI 计划的有效性,一个十分重要的因素是企业主管有良好的现代经营意识,对企业形象战略也有一定的了解,并能尊重专业 VI 设计机构或专家的意见和建议。因为没有相当的投入无法找到具有实力的高水准的机构与个人,而后期的 VI 战略推广更要投入巨大的费用,如果企业领导在导入 VI 计划的必要性上没有十分清晰的认识,不能坚持推行,那前期的策划设计方案就会失去其有效性,变得毫无价值。

二、会展品牌的规划过程

会展品牌的规划可分为以下 3 个阶段。

(一)品牌建立阶段

这主要是运用组织系统对品牌的识别要素加以实体性的视觉化表现的过程。其中的工作包括品牌名称的建立、视觉识别系统的建立和确定品牌标识语。

1. 品牌名称的建立

一个好的品牌名称是至关重要的,因为品牌的名称其实就是整个品牌营销大战的序幕。序幕越精彩,就越能吸引人,越能为以后的品牌整合传播提供更为坚实、广阔的发展空间。

2. 视觉识别系统的建立

视觉识别系统主要分为基础系统和应用系统。其中基础系统又包括标准字、标准色、标准图案等;应用系统则包括办公用品应用、包装用品应用、交通工具应用、指示应用、销售应用、促销用品应用、产品上的标志应用、服饰应用等。视觉识别系统通过鲜明的视觉冲击力和形象感染力,强化品牌的记忆点。

3. 确定品牌标识语

品牌的标识语是与品牌的整体推广密切相关的,必须从视觉识别中独立出来,加以充分重视。优秀的品牌标志不但能够有效地传达品牌识别及其有关信息,还能引发人们丰富的品牌联想,更可以指引"广告语"的方向,产生独特鲜明的"概念营销效应",达到意想不到的传播效果,有利于品牌形象的深入人心。

(二)品牌推广阶段

品牌推广阶段主要包括以下过程。

1. 推广品牌识别

这主要是运用媒介系统对品牌进行整合营销传播,在实践中建立品牌的 4 个识别要素:品牌核心价值、品牌定位、品牌理念和品牌个性。

2. 推广品牌形象

这主要是通过丰富多彩的媒介形式和营销组合,视觉表现系统,组织展览展示活动,真正把品牌形象根植于消费者的心中。

3. 累积品牌资产

这主要包括品牌知名度、品牌认知度、品牌美誉度、品牌联想、品牌忠诚度,以及其他专属资产。

（三）品牌管理阶段

品牌管理阶段主要包括以下 4 个方面的内容。

1. 品牌的有效延伸决策

这主要是指评估各阶段的营销状况，判断是否有必要引入颇具竞争力的新商品，以加强品牌的活性化，满足消费者的最新需求。

2. 品牌资产长远的科学规划及管理

这主要是指对品牌知名度、品牌认知度、品牌美誉度、品牌联想、品牌忠诚度以及其他专属资产的长远规划和管理。

3. 品牌的改善和创新

这主要是根据市场环境和竞争对手的变化，进行品牌的产品、技术、传播、通路组织管理等方面的检讨和创新决策。

4. 品牌的长期传播规划及管理

这主要是指未来五年的广告投放策略、促销组合方案、整合传播方案等。

三、会展品牌实施要求

（一）制定品牌战略

要培育品牌展会，首要的一点就是经营者与管理者要树立牢固的品牌观念，认识到走品牌现代化的道路才是会展业持续健康发展的唯一途径，并从场馆的设计、主题的选择、展会的规划、展会的组织与管理等具体方面来实施会展业的品牌化战略。

（二）提升品牌质量

这主要从展会的硬件和软件两个方面入手。会展的硬件设施是影响品牌质量的一个重要因素，国际上著名的品牌展览会中所使用的设备往往也是最先进的。因此，要实现展会品牌质的飞跃，要求会展公司加大投入，不失时机地更新展会的硬件设备。会展的软件服务一方面要求会展企业加大专业人才的引进力度，另一方面会展企业应积极加入国际性的会展组织，以实现展会服务与国际接轨。

（三）拓展品牌空间

会展品牌的拓展空间具有三维性，即时间、空间和价值。时间是指品牌的影响力随着时间的延续而不断发散和扩张。一般来说，展会延续时间越长则参展商与专业观众之间的交流就越充分，展会的效果就越显著。国外的展会延续时间大约有 10 天，而我国的展会往往只有三五天时间，这对于会展品牌的拓展是远远不够的。空间指品牌在地域上的扩张。德国汉诺威展览公司就通过在上海举办的汉诺威办公自动化展（CEBLL），成功地迈出了向中国扩张的第一步。价值则指品牌作为会展企业的无形资产，其经济价值是可以增加的，品牌价值的提升实际上也为会展业品牌在时间和空间上的拓展创造条件。

（四）打造网络品牌

如今，网络已日益成为人们生活中的第二空间，会展业应该充分利用网络的信息资源优势，在现实世界之外打造出知名的网络会展品牌。网络品牌的建立主要从企业形象塑造、网

络展会的建设以及开展网络营销等方面进行。要借助网络优势开发出形象生动、交互性能良好、功能强大的网络展会平台。

（五）对品牌的网络宣传与推广

在网络世界，品牌的推广可以通过多种渠道实现。其一，将网络资源登录到国内外知名的搜索引擎上，便于人们建立相关的链接。对于这种专业性比较强的行业来说，该方式可能是较为有效的。其二，与网民开展互动型的公关活动同样可以达到品牌推广的目的。

（六）获得 UFI 资格认可

全球展览业协会（UFI）对申请加入其组织的展览项目和其主办单位有着严格的要求及详细的审查程序。由于有了这套较为成熟的资质评估制度，UF 资质认可和 UH 使用标记就成了名牌展览会的重要标志。

第四节 会展品牌经营管理

知识链接　　　　哈尔滨市：力求打造永不落幕的进口食品展

新年伊始，在庆祝改革开放 40 周年之际，2019 年 1 月 5 日迎来了首个以进口类展会为主题的开年大展——2019 哈尔滨进口食品博览会。

"展会办的比预想中的要好，带来了世界各地最好的食品。为了使展览会效应发挥更大，可以考虑在哈尔滨市区建一个永不落幕的进口食品展区，以满足、方便市民的购物生活需求。"哈尔滨市市长在参观完 2019 哈尔滨进口食品博览会现场后表示，让食博会"永不落幕"。

据了解，以"分享世界的味道，领略冰城的风光"为主题的哈尔滨进口食品博览会，吸引了全球 32 个国家和地区的约 300 家国际食品企业、千余个知名食品品牌及来自希腊、加拿大、泰国、保加利亚、斯里兰卡、马来西亚、日本、韩国、伊朗、印度尼西亚、法国、乌克兰等 12 个国际展团震撼登陆冰城。

正官庄、不二家、名庄荟、翡丽百瑞、NEWBY、美莲侬 Millennium、燕太太、火船咖啡、Olvi 集团等食品行业领军企业及品牌，将世界各地的珍馐带到哈尔滨展示。

将自己举办的展会逐步培育成在国内外有重大影响力的品牌展会，是每一个展会主办单位的不懈追求。品牌展会都是通过对展会进行卓有成效的品牌经营才培育出来的，展会品牌经营是展会进行市场竞争较有效的手段之一。

一、形成品牌产权

会展品牌经营,就是以经营品牌的观念来经营展会,将展会培育成品牌,并通过展会品牌来加强展会与参展商和观众关系的一种展会经营策略。展会品牌经营的主要目的,是通过对展会进行品牌化经营来提高展会的影响力和市场占有率,并努力使本展会在该题材的展览市场上形成一种相对垄断,也就是形成一种"品牌产权"。

会展经济是规模经济,品牌产权是会展经济发展到一定阶段的必然产物。展会品牌经营,最常见的途径是根据市场竞争态势选择某一个题材的展览市场,然后努力经营这个市场,最后使本展会在这个题材的展览市场上占据主导地位,并对该市场形成相对垄断。会展市场上的相对垄断现象十分普遍。在世界会展经济最发达的德国,这种现象屡见不鲜:慕尼黑体育用品展在体育用品题材展览市场上居于相对垄断地位,法兰克福汽车展在汽车题材上居于相对垄断地位,科隆家具展在家具题材上居于相对垄断地位等。在我国,随着会展经济的深入发展,会展市场上的相对垄断也开始出现。

品牌产权是比知识产权更为高级的现代市场经济的产物,其市场竞争力比知识产权更为强大。某个展会一旦在市场上形成了一种品牌产权,该展会就能在激烈的市场竞争中占据有利地位。品牌代表着一种市场认可的品质,它不仅可以用来宣传展会,更是展会用来吸引参展商和观众并拥有该题材展览市场的法宝。随着品牌在现代经济中发挥着越来越重要的作用,品牌产权在展会无形资产的构成中占据着越来越重要的地位。一般说来,一个展会一旦在市场上形成了一种品牌产权,该展会就会拥有品牌知名度、品质认知度、品牌忠诚度、品牌联想度四大核心资产,这些资产是展会开展市场竞争最有力的武器。

二、积累会展品牌资产

开展会展品牌经营,使会展在市场上形成相对垄断,关键是要想办法逐步积累会展品牌的四大核心资产:品牌知名度、品质认知度、品牌联想度和品牌忠诚度。这四大资产能使展会获得参展商和观众的广泛认同,并促进展会不断向前发展。

(一)逐步提升展会的品牌知名度

展会品牌知名度分为以下 4 个层次。

(1)无知名度,即展会的目标参展商和观众根本就不知道该展会及其品牌。

(2)提示知名度,就是经过提示后,被访问者会记起某个展会及其品牌。

(3)未提示知名度,即不必经过提示,被访问者就能够记起某个展会及其品牌。

(4)第一提及知名度,就是即使没有任何提示,当一提到某一种题材的展会时被访问者就会立刻记起某个展会及其品牌。提升展会品牌知名度,就是要使展会品牌逐步从无知名度走向第一提及知名度,这样,展会才会被其目标参展商和观众作为首选的对象。

(二)扩大展会的品质认知度

品质认知度是指目标参展商和观众对展会的整体品质或优越性的感知程度,它使参展商和观众对展会的品质做出是"好"还是"坏"的判断;对展会的档次做出是"高"还是"低"的评价。品质认知度对于展会发展具有重要意义:首先,它可以为目标参展商和观众提供一个

参加展会的充足理由,使本展会能最先进入他们参展(参观)选择决策考虑的视野;其次,使展会定位和展会品牌获得目标参展商和观众的认同,提高他们参加展会的积极性;再次,有助于展会的销售代理开展招展和招商工作,可以增加展会的通路筹码;最后,可以扩大展会的"性价比",创造竞争优势,促进展会进一步发展。

(三)努力创造积极的展会品牌联想

展会品牌联想是指在目标参展商和观众的记忆中与该展会相关的各种联想,包括他们对展会的类别、品质、服务、价值和顾客在展会中所能获得的利益等的判断和想法。展会品牌联想有积极的联想和消极的联想之分,积极的展会品牌联想有利于强化展会的差异化竞争优势,使目标参展商和观众对展会的认知更趋于全面,并可帮助目标参展商和观众进行参展(参观)选择决策,促进他们积极参加本展会。展会品牌经营的任务之一,就是要通过营销等各种手段,努力促使目标参展商和观众对展会产生积极的品牌联想,避免使他们对展会产生消极的品牌联想。

(四)不断提升目标参展商和观众对展会品牌的忠诚度

目标参展商和观众对一个展会品牌的忠诚度越高,他们就越倾向于参加该展会,否则,很可能抛弃该展会而去参加其他展会。品牌忠诚度可以分为以下5个层次。

1. 无忠诚度

参展商和观众对该展会没有什么感情,他们可能随时抛弃该展会而去参加其他展会。

2. 习惯参加某展会

参展商和观众基于惯性而参加某展会,他们处于一种可以参加该展会也可以参加其他展会的摇摆状态,容易受竞争展会的影响。

3. 对该展会满意

参展商和观众对该展会基本感到满意,他们不太倾向于转去参加其他展会,因为对他们而言,不参加本展会而去参加其他展会须付出较高的时间、财务和适应性等方面的转换成本。

4. 情感参加者

参展商和观众真正喜欢本展会,对本展会有一种由衷的赞赏,对本展会有着深厚的感情。

5. 忠贞参加者

参展商和观众不仅积极参加本展会,还以能参加本展会为傲,并会积极向其他人推荐本展会。

提升目标参展商和观众的品牌忠诚度,就是要不断增加展会的情感购买者和忠贞购买者队伍,使本展会成为行业的旗帜和标杆。拥有较多具有较高品牌忠诚度的参展商和观众的展会,必将成为该行业中最为著名和最具影响力的展会。

三、会展品牌经营原则

会展品牌经营要以市场营销的观念来经营展会,用关系营销和合作营销的策略来经营展会与目标参展商和观众的关系,通过在一个选定的目标市场上经营某个展会,最终使该市场为这个展会所占有。为此,进行展会品牌经营要注意把握好以下几个原则。

（一）市场导向原则

要从会展目标参展商和观众的需求出发,通过展会品牌经营来促成目标参展商和观众对展会的认同,促成展会与参展商和观众之间建立起一种共赢共荣的关系。

（二）目标性原则

要通过展会品牌经营来使展会在业界打开知名度,赢得目标参展商和观众对展会品质的认知,提高他们对展会品牌的忠诚,给他们带来积极的展会品牌联想,最终在市场上形成品牌产权。展会品牌经营要围绕上述目标来进行。

（三）统一性原则

展会品牌建设本身是一个富有层次性的系统工程,展会品牌经营要具有全局的视角、多层次的协调、多角度的长远规划。

（四）针对性原则

展会品牌经营的主要对象,是展会的目标参展商和观众、展会的服务商以及办展机构自己的员工,极具有针对性。

（五）诚信原则

许多著名展会最终走向没落的一个共同原因,是这些展会都没有实现自己最初对市场所做出的"承诺"。一旦发现自己被某展会欺骗,参展商和观众就会毫不犹豫地抛弃该展会,该展会在市场上也就没有了立足之地。

四、会展客户满意战略

优质的客户关系管理是企业竞争制胜的法宝。会展企业要通过"促进客户满意"进而实现"客户忠诚"。客户满意是客户需求被满足后的愉悦感,是客户在消费后所表露出的态度,是客户再次或者重复购买相同企业产品或者服务的行为。通过采取客户满意战略,提高展会的整体服务水平,才能够使得展会品牌深入人心。

会展客户满意战略是从客户需求的角度出发,通过多种服务和功能设计来满足客户的需求,以提高客户的满意度为主要目标,并以设计的多样性来满足客户的多样性需求。例如,一些参加跨国展的采购商,到达后便会直奔展会,而此时一般会有行李或是衣服不整齐等问题,面对这样的情况,展会开设相应的更衣室,让采购商能够衣冠整齐,不需要带着沉重的行李箱在展馆中奔波,这样的小细节能够使客户感觉到展商细致、周到的服务,从而取得客户的信任。

 本章小结

　　会展品牌是能使一个会展与其他会展相区别的某种特定的标志。会展品牌定位的策略应包括会展市场定位、会展产品定位和品牌形象定位,三者缺一不可。品牌展会都是通过对展会进行卓有成效的品牌经营才培育出来的,展会品牌经营是展会进行市场竞争较有效的手段之一。

关键概念

会展品牌　会展品牌定位　会展品牌识别系统

复习思考题

1. 会展品牌定位与会展定位的区别是什么？
2. 会展品牌定位的原理有哪几个方面？
3. 会展品牌的规划过程包括哪几个阶段？

专题二 →

会展危机管理

学习目标

- 理解会展危机的概念。
- 理解会展危机管理的基本原则。
- 理解会展危机管理的基本流程。

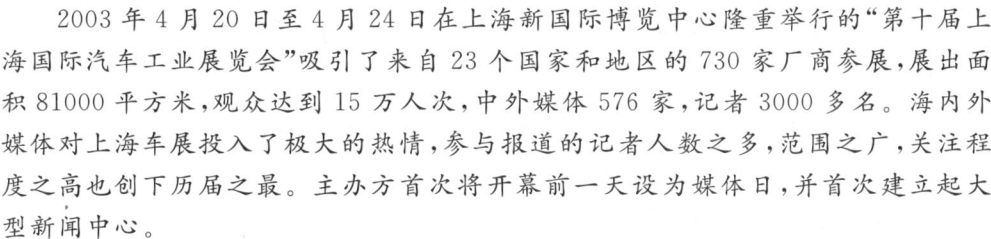

案例引导　　　上海车展的危机处理

　　2003年4月20日至4月24日在上海新国际博览中心隆重举行的"第十届上海国际汽车工业展览会"吸引了来自23个国家和地区的730家厂商参展,展出面积81000平方米,观众达到15万人次,中外媒体576家,记者3000多名。海内外媒体对上海车展投入了极大的热情,参与报道的记者人数之多,范围之广,关注程度之高也创下历届之最。主办方首次将开幕前一天设为媒体日,并首次建立起大型新闻中心。

　　车展主办方——上海国际展览公司(以下简称国展)在SARS疫情压力之下开始了一场没有硝烟的战争。根据市政府防治SARS的有关精神,主办单位专门成立了防范工作领导小组,在浦东卫生疾病防治控制中心的指导下,展览会期间采取了大量预防措施,如在现场设立医学观察站,加强展馆通风及消毒,控制观众流量,减少大型活动等。由于SARS疫情的严峻,上海市政府和外经贸委决定将本次车展展期由8天缩短至5天。因此,办展人员在耐心细致地做好参展商和观众工作后,面对众多媒体进行了广泛沟通及咨询发放。最终使得本次车展获得了意想不到的成功,同时为国际展览公司赢得了声誉。在上海国际汽车展举办期间遇到SARS危机,导致提前闭幕,确实留下一些遗憾。

在会展活动中,危机无法完全避免,无论是自然灾害、疫情、事故等外部原因造成的,还是企业内部原因造成的,危机一旦发生就需要去应对。危机管理的作用在于,在最短时间内,采用最少的资源将危机造成的不良影响最小化,甚至从危机中发掘对企业有利的部分。正确、及时的危机管理可以减少危机中的展会、组展企业和参展商的损失,危机后的反馈和总结工作则会促进展会工作的进一步发展。

第一节　会展危机概述

一、危机的概念

(一)危机的定义

人类社会对于危机这个词并不陌生,从单个人、家庭到社会都或多或少经历过危机的考验。而对于"危机"的界定长久以来却没有形成统一的意见,这些界定大致分为广义的和狭义的。狭义的危机可以概括为:是危险和巨大困难的时刻;是一个转折点;是一个重要的情形,这一情形的结局决定着是好的或老是坏的后果的发生。广义的危机侧重于它的不确定性和危害性。危机不论大小,都会对会展造成不同程度的威胁,妨碍会展活动的顺利进行。会展危机管理的目标就是消除或者减弱这些危害,保证会展活动的成功举办。这里从危机管理的目的出发,把危机的特征归纳如下:①危机是不确定的因素;②危机的发生会带来损失;③危机有可能被预见;④危机不受波及范围大小的局限。

危机管理的实质是管理,是事先计划、组织、指挥、协调和控制的过程;它的目的是尽量减少利益相关者的损失。根据具体情况,处理危机的主体选择的侧重点不同。

(二)危机的类型

为了更好地应对危机,首先要对会展危机事态进行分类,根据资源的相似性组织应对方案,减少成本,提高效率。通常可以把会展危机事态分为以下 4 类。

(1)医疗保健类。包括一些紧急的医疗事件,如人员昏迷、食物中毒、心脏病突发、伤亡以及晕车、呕吐等等。

(2)安全事务类。如自然灾害、人为事故灾害、恐怖事件和犯罪行为等危害到员工和参展人员的人身安全和财产安全的事态。

(3)政策和法律法规类。涉及法律法规事务的行为,如劳动纠纷、罢工、参展商的合同或契约问题、侵权行为等。

(4)重大活动变更类。计划中的主要活动变更,如演讲嘉宾缺席、大型活动取消和天气因素导致的重大活动变更等。

会展危机事态的类型多样,完全预测活动中的危机事态是不可能的,通常一次危机事态会同时包含多个类型,所以要想把危机事态的危害程度减到最小,一个详尽的预案体系是必不可少的。

（三）危机的特点

（1）意外性。危机爆发的具体时间、实际规模、具体态势和影响深度通常是始料未及的。

（2）聚焦性。进入信息时代后，危机的信息传播比危机本身发展要快得多。危机对媒体来说，就像是大火遇到助燃剂。

（3）破坏性。由于危机常具有"出其不意，攻其不备"的特点，不论什么性质和规模的危机，都必然不同程度地给企业造成破坏，造成混乱和恐慌，而且由于决策的时间以及信息有限，往往会导致决策失误，从而带来无可估量的损失。

（4）紧迫性。对企业来说，危机一旦爆发，其破坏性的能量就会被迅速释放，并呈快速蔓延之势，如果不能及时控制，危机会急剧恶化，使企业遭受更大损失。

二、会展危机的概念

（一）会展危机的定义

会展经济随着国民经济的发展而快速地发展着，近些年我国的年均 GDP 增长率达到 8％左右，而会展的年均增长率平均超过 20％，我国会展活动空前壮大，呈现出良好的发展态势。但是会展因其自身涉及环节多、涉及面较广的这一特点，在会展实施的全过程中势必出现各种各样的问题，会展业在发展过程中面临的诸如财务问题、人才问题、突发情况等，这些问题就是会展危机。

（二）会展危机的种类

1. 安全危机

在举办展会的全过程中，由于人员密集、预案不全、现场混乱等原因会导致一些安全问题，其中包括财务安全、人身安全等。

2002 年 7 月，乌克兰国际航展，一架战斗机在进行特技表演时坠毁，酿成人类历史上最为严重、最为惨痛的航展空难事件。

2003 年"香港国际珠宝展"开幕之日就发生了两起失窃案，两名参展商在两分钟内被分批盗走价值 200 万美元的钻戒，第二天又一美籍参展商报案，他参展的两盒价值 100 万美元的钻石不翼而飞。

2004 年 2 月 5 日，在北京市密云区密虹公园举办的密云区第二届迎春灯展上，由于领导和管理责任不落实，导致彩虹桥上拥挤踩踏，造成 37 人死亡、15 人受伤的特大伤亡事故。

2005 年 2 月 3 日上午 9 时左右，正在举办 2005 年迪拜购物节的"地球村"内突然起火，大火首先从尼泊尔展馆烧起来，继而波及隔壁的中国展馆和约旦展馆，并导致中国展馆内 120 个摊位中的 110 多个被烧毁。

2006 年 1 月 28 日在波兰南部卡托维兹市展览馆举办的"鸽子 2006"展览会，展馆屋顶突然倒塌，数以百计人被活埋，至少 66 人死亡，160 多人受伤。

这些鲜活真实的例子都是发生在会展活动期间的涉及安全的恶性事件，会展活动人员密集，发生此类事件的后果必将是悲剧性的、难以估量的，此类事件也正是会展活动面临的安全危机。

2. 财务危机

财务危机是指企业明显无力按时偿还到期的无争议的债务。财务危机是导致企业生存危机的重要因素,因此需要针对可能造成财务危机的因素,采取监测和预防措施,及早防范财务风险,控制财务危机。

对于会展活动,由于办展机构及参展商之间合作关系的变化,重要参展商的流失、三角债的出现,投资决策的失误等使办展机构或展商的收益减少甚至亏损出现的危机。还有可能是在会展策划方在可行性分析报告和做投资来源报告不尽完善导致的财务危机。最为严重的是主办方资金断流,导致展会无法正常进行。

3. 人才危机

会展人才不足已成为会展业发展的障碍,然而这种现象在全国范围内普遍存在,现有会展人才多数是从广告、营销等其他行业转行而来,专业的会展人才少之又少。我国高等院校培养专门的会展人才尚不能够满足现有的需求,更谈不上行业每年 20% 的增长率带来的人才需求缺口。行业的火爆和人才的不足之间的矛盾凸显出来,会展人才的争夺到了白热化的阶段。从我国开设会展专业数量中可以看出,会展人才培养也有其显著的地域特色,表现为会展教育仍然以会展产业发展较为完善的环渤海会展经济带、长江三角洲会展经济带、珠江三角洲会展经济带为主。人才缺口极大的情境下,会展行业面临着人才总量严重不足的危机。

在现代经济发展中,员工会根据个人的判断不断寻找适合自己发展的空间,人才流动成为一个普遍现象。人才危机主要体现在企业是否能够保证主要的员工有较高的对企业的忠诚度,员工忠诚度是员工行为忠诚与态度忠诚的有机统一。态度忠诚是行为忠诚的基础和前提,行为忠诚是态度忠诚的深化和延伸,且员工忠诚度与企业效益有着紧密的联系。

会展行业属于第三产业服务业,会展企业的同质化倾向也比较明显,人才的流失基本是在会展行业内进行的,己方的流失就代表了其他公司拥有了更多、更好的人力资源,而人才的流失很有可能带走项目资源,会影响到企业的直接利益。单独个体人才的流失可能引起人员流失的连锁反应,部分是主动的流失,例如,项目经理带走整个部门的人员去投奔新的公司或单独成立公司。这种情况下,对企业的打击就更为明显。人员流失导致人力资源后继乏力,新招聘人员不能够马上进行融合,导致企业效率下降,产生其他一系列的连锁反应,导致恶性的后果。

4. 信誉危机

浮夸成风,弄虚作假。2005 年在北京同一个展览中心同一时间举办的四个展会同是"奥运场馆用品展会",可题目分别是"2005 平北泉国际体育场馆设施及体育用品展示采购会""北京国际体育场唱临展览会""北泉国际体育健身器材展览会"和"北京国际体育用品展览会",让人意想不到的是,这四个在同一时间同一地点举办的展会是由两个展览公司主办的。更有意思的是,展览会的会刊在中间竟然有一个明显的分界,两部分在页码和字号上一级页面排版上截然不同。这样的展会办起来参展商的感觉可想而知,绝大多数参展商可能就不会参加下届展会了,当然前提是如果这样的展会还有下一届。

评比过于泛滥。展会肩负着推动行业发展的重任,也是一个连接参观者与参展方的桥梁纽带,而在很多展会中为评比而评比的现象非常严重,所有参展商都或多或少地获得了奖项,评奖活动流于形式。奖项设置过多、奖项含金量低等,都是评比过于泛滥引发信誉危机的不利因素。

第二节 会展危机管理的基本原则

危机管理是为了应对各种危机情境所进行的信息收集、信息分析、问题决策、措施制定、动态调整、经验总结及自我诊断的全过程。使企业越过危机或者脱离危机,从而达到良性的、稳步发展的目的。

从广义上来讲,危机管理包含对危机事前、事中、事后各方面的管理。传统的危机会着重强调对危机反应的管理,而不重视危机的前因后果。大多数危机管理的计划和思想都是危机反应管理。如果我们能够寻找危机根源、本质以及表现形式,并分析它们造成的冲击,我们就能通过降低风险和缓冲管理来更好地进行危机管理。

一、承担责任原则

危机发生后,公众会关心两个方面的问题:一方面是利益的问题,利益是公众关注的焦点,因此无论谁是谁非,企业应该承担责任。即使受害者在事故发生中有一定责任,企业也不应首先追究其责任,否则会各执己见,加深矛盾,引起公众的反感,不利于问题的解决。另一方面是感情问题,公众很在意企业是否在意自己的感受,因此企业应该站在受害者的立场上表示同情和安慰,并通过新闻媒介向公众致歉,解决深层次的心理、情感关系问题,从而赢得公众的理解和信任。

实际上,公众和媒体往往在心目中已经有了一杆秤,对企业有了心理上的预期,即企业应该怎样处理,公众才会感到满意。因此企业绝对不能选择对抗,态度至关重要。

二、真诚沟通原则

企业处于危机旋涡中时,是公众和媒介的焦点,一举一动都将接受质疑,因此千万不要有侥幸心理,企图蒙混过关。而应该主动与新闻媒介联系,尽快与公众沟通,说明事实真相,促使双方互相理解,消除疑虑与不安。

真诚沟通是处理危机的基本原则之一。这里的真诚指"三诚",即诚意、诚恳、诚实。如果做到了这"三诚",则一切问题都可迎刃而解。

（一）诚意

在事件发生后的第一时间,公司的高层应向公众说明情况,并致以歉意,从而体现企业勇于承担责任、对消费者负责的企业文化,赢得消费者的同情和理解。

（二）诚恳

一切以消费者的利益为重,不回避问题和错误,及时与媒体和公众沟通,向消费者说明事件的进展情况,重拾消费者的信任和尊重。

（三）诚实

诚实是危机处理最关键也最有效的解决办法。顾客会原谅一个企业的错误，但不会原谅一个企业说谎。

三、速度第一原则

好事不出门，坏事行千里。在危机出现的最初 12—24 小时内，消息会像病毒一样，以裂变方式高速传播。而这时候，可靠的消息往往不多，这将是外界评判公司如何处理这次危机的主要根据。媒体、公众及政府都密切注视公司发出的第一份声明。对于公司在处理危机方面的做法和立场，舆论赞成与否往往都会立刻见于传媒报道。

因此公司必须当机立断，快速反应，果决行动，与媒体和公众进行沟通，从而迅速控制事态，否则会扩大突发危机的范围，甚至可能失去对全局的控制。危机发生后，能否首先控制住事态，使其不扩大、不升级、不蔓延，是处理危机的关键。

四、系统运行原则

在逃避一种危险时，不要忽视另一种危险。在进行危机管理时必须系统运作，绝不可顾此失彼。只有这样才能透过表面现象看本质，创造性地解决问题，化害为利。

危机的系统运作主要是做好以下几点。

（一）以冷对热、以静制动

这里的"冷"特指"冷静"。危机会使人处于焦躁或恐惧之中。所以企业高层应以"冷"对"热"，以"静"制"动"，镇定自若，以减轻企业员工的心理压力。

（二）统一观点，稳住阵脚

在企业内部迅速统一观点，对危机有清醒认识，从而稳住阵脚，万众一心，同度危难。

（三）组建班子，专项负责

一般情况下，危机公关小组的组成由企业的公关部成员和企业涉及危机情境的高层领导直接组成。这样，一方面是高效率的保证，另一方面是对外口径一致的保证，使公众对企业处理危机的诚意感到可以信赖。

（四）果断决策，迅速实施

由于危机瞬息万变，在危机决策时效性要求和信息匮乏条件下，任何模糊的决策都会产生严重的后果。所以必须最大限度地集中资源，迅速做出决策，系统部署，付诸实施。

（五）合纵连横，借助外力

当危机来临，应充分和政府部门、行业协会、同行企业及新闻媒体充分配合，联手应对危机，增强公信力、影响力。

（六）循序渐进，标本兼治

要真正彻底地消除危机，需要在控制事态后，及时准确地找到危机的症结，对症下药，谋求治"本"。如果仅仅停留在治标阶段，就会前功尽弃，甚至引发新的危机。

五、权威证实原则

自己称赞自己是没用的,没有权威的认可只会徒留笑柄,在危机发生后,企业不要自己整天拿着高音喇叭叫冤,可以采取曲线救国的方式,请业内权威人士在前台说话,使消费者解除对自己的警戒心理,重获他们的信任。

第三节　会展危机管理的基本流程

一、会展危机管理流程

会展企业在完成建设危机管理体系,制定危机管理战略,组建危机管理的组织,完善内部控制体系,搭建危机管理信息系统的同时,还要运行危机管理的流程。因为建设危机管理体系只是完成会展企业进行危机管理硬件设施的筹备,而要完成对会展企业所面临所有危机的管理,还要在此基础上执行危机管理的基本流程。

所谓危机管理基本流程,是指依次开展以下五项工作:①收集危机管理初始信息;②进行危机评估,包括危机辨识、危机分析、危机评价三个步骤;③制定危机管理策略;④制定和实施危机管理解决方案;⑤危机管理的监督与改进。危机管理流程由以上五个基本步骤组成,是一个不断循环的过程。

(一)收集危机管理初始信息

在实施危机管理时,会展企业应当广泛地、持续不断地收集与本企业危机管理相关的内部、外部初始信息,包括历史数据和未来预测。为了及时获取资料,并保证资料的真实可靠,会展企业应当把收集初始信息的职责分工落实到各有关职能部门和业务单位。会展企业对收集的与危机和危机管理相关的初始信息进行必要的筛选、提炼、对比、分类、组合,目的是为危机评估和危机管理提供依据。

(二)危机评估

对收集的危机管理初始信息和会展企业各项业务管理及其重要业务流程进行危机评估,包括危机辨识、危机分析、危机评价三个步骤。

辨识、分析、评价影响会展企业经营目标的危机,目的是掌握危机的分布情况和影响程度,确认会展企业重大危机。

会展企业应当对危机管理信息实行动态管理,并定期或不定期实施危机辨识、危机分析、危机评价,以便对新出现的危机和原有危机的变化重新做出评估。

(三)制定危机管理策略

会展企业根据自身条件和外部环境,围绕会展企业发展战略,确定会展企业的风险偏好或危机承受度,以及危机管理有效性的标准,然后选择危机承担、危机规避、危机转移、危机转换、危机分散、危机补偿、危机控制等适合的危机管理工具,并确定危机管理所需人力和财力资源配置的原则。

会展企业应当定期总结和分析已制定的危机管理策略的有效性和合理性,并结合实际不断修订和完善。其中,应重点检查依据风险偏好或危机承受度所确定的危机控制预警线的实施结果是否有效,并提出定性的或定量的有效性标准。

（四）实施危机管理方案

会展企业应当根据危机管理策略,把危机按优先程度排序处理,针对每一类危机或每一项重大危机制定危机管理解决方案。方案一般应包括危机解决的具体目标,所需组织领导的支持,所涉及的管理流程,所需的条件、手段等资源,危机事件发生前、中、后所需采取的具体应对措施等。会展企业应当按照各有关部门和业务单位的职责分工,认真组织实施危机管理解决方案,确保各项措施落实到位。

（五）监控改进

会展企业应当以重大危机、重大事件和重大决策、重要业务流程为重点,对危机管理初始信息、危机评估、危机管理策略、关键控制活动及危机管理解决方案的实施情况进行监督,采用压力测试、返回测试、穿行测试、亏损事件管理及危机控制自我评估等方法对危机管理的有效性进行检验,根据变化的情况和存在的缺陷及时对危机管理的工作进行持续的改进。会展企业内部审计部门应当每年至少一次对包括危机管理职能部门在内的各有关部门和业务单位能否按照有关规定开展危机管理工作及其工作效果进行监督评价,并提出改进建议。

二、危机管理的注意事项

会展企业在危机管理体系的基础上,运行危机管理的基本流程,需要注意必须根据会展企业的实际情况出发,本着务求实效的原则,来积极开展危机管理工作。

按照基本流程,会展企业首先要对本会展企业面临的危机进行整体初步评估,清楚本会展企业面临的所有重大危机。然后针对存在的危机,不同条件的会展企业可以采取不同的危机战略:具备完善的法人治理结构和内控体系等条件的会展企业可以全面推进危机管理工作,争取早日建立危机管理体系;其他会展企业应当制定开展危机管理的总体规划,分步实施,可先选择发展战略、投资收购、财务报告、内部审计、衍生产品交易、法律事务、安全生产、应收账款管理等一项或多项业务开展危机管理工作,建立单项或多项内部控制子系统,不断积累经验,培养人才,进而建立健全危机管理体系。具体来讲,会展企业在运行危机管理系统的时候,应该注意以下几个方面的问题。

第一,开展危机管理工作应当以对重大危机、重大事件(指重大危机事件物化后的事实)的管理和重要流程的内部控制为重点。

第二,会展企业开展危机管理工作应与会展企业其他管理工作紧密结合,把危机管理的各项要求融入会展企业管理和业务流程中。危机管理体系不是凌驾于现有管理体系之上的,而是对现有管理体系的提炼总结和提高。会展企业要注意根据自身的发展历史,来确定危机管理的建设内容。

第三,会展企业应注重建立具有危机意识的会展企业文化,促进会展企业危机管理水平的提高,员工危机管理素质的提升,以及保障会展企业危机管理目标的实现。

第四,危机管理体系建设的成败很大程度上取决于会展企业员工参与的程度。因为危机管理体系涉及日常管理的细节,乃至每个员工的工作职责,是对管理运营中沟通交流线路、工作方式方法等的提升和整理。同时,危机管理体系建设过程中,领导层要做出表率,这样可以推动员工参与危机建设的积极性,也可以为会展企业实行危机管理给予充分的指导和支持。

第五,在会展企业危机管理体系建设的过程中,必须积极开展危机管理培训工作,力争在员工层面普及危机管理基础知识和基本框架,并为管理层开展具体危机管理工作提供足够的专业知识和技能;同时应注重培养危机管理的专业化人才,为会展企业未来危机管理建设做好人才贮备工作。

第六,邀请危机管理专家参与项目实施,专家队伍主要由两类人员组成,一方面可从会展企业内部选拔相关危机管理领域的人才,作为危机管理体系建设的主体力量并负责项目的实施;另一方面集团可以聘请资质高、信誉好、危机管理专业能力强的外部咨询公司协同进行会展企业的危机管理建设工作,对项目的进行提出专家实施意见和改进建议。

总之,会展企业建立危机管理体系,运行危机管理流程,必须根据自己的管理实践,综合运用项目管理、变革管理等方法工具,为整体管理水平的提高而完成危机管理体系的建设。

第四节 会展安全管理

几乎近些年发生的大部分会展危机事件都是安全事件,而且这个比例还在逐年上升。如今,在展览业成熟的国家,安全问题越来越受到重视。我国会展业如何进行行之有效的安全管理,保护参展商和观众的利益是本节要讨论的重点。

一、会展安全管理的内涵

(一)会展安全的内涵

安全的内涵有以下四层含义:一是客人、员工两个方面的生命、财产及企业财产的安全;二是客人的商业秘密以及隐私的安全;三是企业内部的服务和经营活动秩序、公共场所秩序保持良好的安全状态;四是不存在导致客人、员工两个方面的生命、财产及企业财产造成侵害的各种潜在因素。

(二)会展安全管理的内涵

会议场所和展览场馆是一个公共场所,公共场所人员聚集,密度高,因此必须保障人员的人身安全;再加上展会上存放大量财产、物资和资金,因此人、财、物、信息等安全成为会展的基本需要。所以,会展安全管理的内涵可以被定义为:为保障客人、员工两个方面的生命、财产安全而进行的一系列计划、组织、指挥、协调、控制等管理活动。

例如,广交会就非常重视安全保卫工作,专门成立了大会保卫办公室,负责交易会展览场所和重要活动安全保卫工作的组织领导,包括制定广交会各种保卫方案和措施,协调各级公安部门行动,为广交会创造安全良好的社会环境;指导各交易团做好本团的安全保卫工作;维护展馆的防火安全;维护广交会大院及其附近道路交通秩序,保障交通畅顺;负责发放

内宾证件和车证等。人员组成上包括下述部门和机构:商务部人事司、省公安厅、市公安局、市国家安全局、武警广东省总队、外贸中心保卫处等。

二、认识危及安全的事件

在讨论安全管理之前,首先有必要了解这些事件,确定管理的目标,这样才能有的放矢,提高管理的效率。危及安全的事件多种多样,盗窃、抢劫、火灾、突发疾病、食物中毒,甚至爆炸、恐怖主义以及工作人员的失职等等,都是很可能发生在展览和会议中的。这里列举几种较为典型的事件。

(一)火灾

在大型活动中,大部分火灾都是人为因素造成的。火灾也许是第二个最为常见的人为灾难。例如,展馆内部和外部的电路复杂,稍有疏忽就会引起火灾;展览会中的某些参与者可能将尚未完全熄灭的烟头丢弃,加上展台搭建用的材料很多是易燃材料,很容易使火势蔓延;更为可怕的是火灾发生后会引起人们恐慌,匆忙向入口逃散,往往给救火工作造成阻碍。此外,由于恐慌的人群所造成的人员伤害更是无法估量的。

虽然火灾是极具破坏性的,但只要做好相关预防工作,展览会组织者可以将这种危险性降为零。这需要展览会组织方和场馆管理者在最初的策划或现场的服务中将所有可能造成火灾威胁的注意事项(如禁止吸烟的标志要醒目,员工要熟知消防器材的安放地点和使用方法等)、紧急逃散方式(出入口以及紧急出口的标志要明显)、在发生危害时的急救措施告知每一位与会者(会前的宣传手册告知和危害发生时的现场指导相结合)。迄今为止,展览业中还没有发生过严重的火灾事故,但管理者依然要给予足够的重视。

(二)医疗卫生

展会现场是人流的聚集地,其中可能有传染病携带者,而病人和会展组织者可能不知道;拥挤或者过于激动也可能造成某些突发性疾病如晕厥;在统一安排的条件不是很完善的就餐环境中,可能会发生食物中毒等医疗卫生事件,所以基本上每个会展活动都应采取基本的医疗救助措施来维护会展活动的正常进行。

国际会展管理协会(IAEM)的《生命/安全指导方针》指出,每个会展或会展机构都要有合格的员工在场来处理紧急医疗事件。除了对正式员工及签约雇员进行事先培训,指导怎样应对紧急医疗事件外,还应当聘请合格的医护人员在观众入场、展览期间以及观众退场时值班。聘请的医护人员或场馆中可用的紧急救援人员,应当精通基本的救生常识、伤病诊断、急救主持和心肺复苏术,通晓危机通报计划的应用以及整个危机管理计划中的所有其他要素。

(三)盗窃

这是在展览中经常发生的一类事件。由于展览会的参加人数多、流动性大,对进入者的身份核查难度较大。近几年,在展览中发生的盗窃行为有上升趋势,有很多盗窃团伙、盗窃集团把展览看成是难得的"契机"。

预防盗窃事件首先要从人口开始,加快电子身份核查系统的开发和应用,保证进入人员的合格,对有前科人员提高警惕。对于安全要求标准较高的展会,要加大安全预算支出,引进和改进电子监控设施。此外,要加强安全保卫队伍的建设和与武警部队的联系。

（四）工程事故

由于展览会中的展台和所需要的各种建筑大多是临时搭建的,在活动结束后会被拆掉,因而一些参展商可能为了节约成本,找一些非专业的设计公司现场施工,所使用的材料及施工质量都可能存在严重的安全隐患。

展览会现场管理者并不需要懂得如何去搭建一个安全的展览会设施,但却要明白哪些问题是需要在最后的安全检查中确认的,比如,是否使用了易燃的材料? 是否有什么地方容易滑倒、跌落或者绊倒? 垃圾和其他废品存储在什么地方? 工具放在什么地方? 展台是不是能够承受道具和演员或演讲者、客人、乐队的重量? 等等。

一般来说,得到有关部门正式批准的展会都会有一系列的安全规定,例如,为了保证安全,展台搭建所用的材料必须具备防火功能;照明设备和材料必须符合当地安全标准;电源必须由展览会指定的搭建公司人员连接。此外,必须注意施工搭建的安全,不能使用有安全隐患的工具和材料;在展出期间,要有专人负责检查展台及设备情况,以保证展台安全和设备的正常工作。

（五）暴力行为

暴力行为范围很广,它包括抢劫、袭击、对抗、示威、恐怖活动和暴乱。这里要强调的是恐怖主义是确实存在的,国际恐怖主义活动的很大一部分是针对会展的,但是国际上有一种新的趋势,恐怖主义袭击的目标越来越多地指向旅游者。

这些事件最典型的特点是影响面很大,处理这类事件除了及时与武警部队配合,尽快解决问题之外,还应该配备一个有经验的发言人或是协调员,来防止已有的事件扩大,同时稳定与会者和外界的情绪,使会展能顺利进行。为了避免抢劫等一般犯罪行为的发生,会展举办之前了解所在区域的犯罪率和以前会展期间发生过的犯罪种类是必要的步骤。

在会展的举办地,自然灾害这种不可抗力会导致财产和人身的危险。自然灾害的剧烈性和大范围破坏性通常会造成难以估量的损失。作为会展主办方,在选择城市、场馆时就要充分考虑这些因素,首先查看选择的城市有没有发生自然灾害的历史,其次场馆建造时有没有考虑这些因素,以及能承受的自然灾害的级别有多大。

一旦发生灾害,城市的相关部门和场馆方面有没有应对方案和设施十分重要。在做场地检查时,要确保对所有警报装置都有清楚的了解。

三、会展安全管理的内容

会展安全管理涉及的内容非常广泛,它涉及防火安全、用电安全、搭建安全等等。其目标是消除危机产生的潜在因素,或者降低不可避免的危机产生的负面影响。安全管理要立足于会展进行的全过程,会展项目策划的每一个环节都是管理的重点。具体的步骤有以下几个方面。

（一）选择场馆

在会展场馆的选择过程中,一定要进行安保检查。检查的内容主要有:有无发生过火灾、盗窃等事件;出入场馆的交通是否符合交通安全标准;场馆内的安全设施是否齐全等等。

除了要做实物检查,还要问一些很直接的问题,来确保选择的城市和会展场所是相当安全的。

有很多工具可用来辅助对会展场所进行安保检查。为了测定所选城市的相对安全性,可以根据以下几点来评估:特殊利益团体和支持者、犯罪率、劳工情况/纠纷、自然灾害。

安全专家建议在做场馆的安保过程中,应检查用电安全监控系统和应急服务,全面询问有关安全的问题,直到觉得这个场所相对比较安全为止。

（二）制定安全规章制度

每个会展都有自己的展示规章制度,来保护会展管理方和观展者免受会展举办过程中的内在风险的危害,展示规章制度一般会在参展商手册和展位销售合同中注明。通常,应在整个会展策划过程的前期订立销售合同并制定展示规章制度,同时要确保出售第一批展位之前,它们已经制定完善,并且得到强制执行。

国际会展管理协会(IAEM)已为会展制定了展示标准,这将有助于会展管理者为自己的会展制定展示规章制度。IAEM编撰的《展示规章指导方针》应附在参展商手册中,以确保展位的搭建和展品的展示都符合行业标准。

应用于会展的安全和意外事故预防准则会因会展的不同而有所不同,这主要取决于会展的种类、展出的地点和性质。一般,安全规定的内容有:防火安全条例、用电安全条例、展台搭建和展品运输安全条例、装饰材料使用安全条例、展品安全条例、公共区域安全防范规定。通常这些规章制定的原则是展馆自身的特殊情况和参照依据相结合;标准展位与特殊展位区别对待,并且必须标明处理违章的方式与方法。

1. 消防安全规定

展会开幕前后展区内人员密集,展品众多,展会的消防安全十分重要。办展机构一般都要求各参展商用的搭建材料符合消防要求,是耐火材料;明火、液压罐、便携式加热设备、液化石油气等,或者被严令禁止,或者要经过消防局或合格的设施代表的检测、批准,方可使用;展位之间的通道必须保持一定的宽度,一般展会中禁止吸烟;特装展位的搭建必须考虑消防安全的需要,在展会开幕和布展之前,展会的消防安全计划以及特装展位的搭装计划还必须送交有关政府部门审批;场馆方的消防通道和消防设备要清晰标出、随时可见,不能封堵这类消防设施;另外,观展者在场时不准将消防通道锁住。

2. 建筑物搭建和运输规定

在大多数会展规章制度中,搭建标准是必不可少的考量标准,尤其对于特装展位。展会的展位承建既是一项专业性很强的工作,也是一项关系到展会形象和声誉的重要工作。如今,除了一些大的参展商会自己设计和搭建展位外,许多展会的组织者和办展机构都不再承担展会展位的承建工作,而是把这项工作交给专门从事展会展位搭建的展位承建商,由他们来负责展会展位的具体承建,自己则致力于搞好展会的招展招商和组织管理工作。一般来说,选择展会承建商应从以下几个方面来进行考察:技术是否全面,经验是否丰富,是否熟悉展览场地和设施,是否能提供展台维护保养服务等方面。

要参照国际会展管理协会(IAEM)的《展示规章指导方针》制定展台搭建标准。一般来讲,那些两层的、有阶梯的或者有额外高度等特征的展台,必须有搭建计划,而且这个计划必须通过注册专业工程师和所在展馆的工程技术人员的认可。

参展方必须遵守上述标准，以及由当地的条例和此次会展的具体情况所制定的相关规章制度。通常，应当在标准的最后加上一点说明，此标准的解释权归会展管理方。

3. 贵重物品安全管理规定

有贵重物品参展时，必须采取一些预防措施，首先在展台展柜设计时要融入保安意识：存放珠宝的陈列箱需装有安全防盗、防弹玻璃，并配以特制的保险锁。通常保险公司会提出一些具体的建议和要求。其次，对每一件展品都要做好标记并进行登记。通常警方能就如何做好标记提出一些建议，如雕刻记号或利用紫外线才能显示的记号等。至于利用警报器保护展品，专业的安全产品公司会推荐一些有效的装置。若展品为极高价值的贵重物品，则需要雇用保安人员值夜守卫，但要提前与展览组织者商定并与展厅保安部门取得联系。在展位搭建和拆除过程中，贵重展品可以放在安全性较强的储存室和保险柜中，根据物品的重要程度还可以选用防盗相机或白天雇用保安人员以确保物品安全。

4. 公共区域安全规定

出入口区域：展厅出入口不能有障碍物，并且要足够开阔，使其能作为紧急出入口。紧急出口在观展者参观期间一定不能关闭。不要将消防设施和应急设备隐藏或加以遮挡。灭火器、盛放灭火水龙带的橱柜、报警信号箱、消防用水管，不能以任何方式隐藏或遮挡。最初的展厅楼层规划应当清楚地说明上述所有设施的具体位置。

交通区域：展厅中的走廊和人行道至少要有 8 英尺（1 英尺＝0.3048 米）宽，如果是公众会展，这个宽度要增大到 10 英尺。建筑物的安保官员和员工，应当监控所有人流拥挤出入口的情况。

此外，在合同中对于在会展中发生的偷窃、损坏、遗失和破坏等情况，公司是负有限责任还是不负任何责任，都要清楚地加以说明；有了各种各样的安保措施，还应说明是否将提供24 小时安全服务和提供展后保管服务；为了避免被参展方误解以及随后的纠纷和可能发生的诉讼，合同中应以某种形式注明不承担责任条款，亦即注明作为会展管理方，保留修正和解释合同中的条款、条件和限制的权利，因为这有利于保障会展的成功和推进主办方的意图。

（三）成立管理组织

首先，确定危机管理小组成员构成：总责任人可以是场馆方人员、主办方人员或者是外部聘请的专家，关键是选择善于处理危机情形的人。小组成员不必太多，两到三人即可，当情况发生时可以把内部员工纳入安全管理的体系中来，这样可以节约成本，减少人员闲置带来的浪费。

其次，确定总责任人和每个员工的责任。

最后，对会展管理小组中的所有成员进行培训，使他们掌握如何在危机情形中做出反应，包括如何运用双向无线电通信设备等。在会展开幕之前，进行一次演习。保证在会展中工作的任何人（会展设施方工作人员也包括在内）都保持高度警惕，都接受过危机管理的培训，并且都参与到演习中来。情况发生后，管理组织可以迅速扩展成具有如下职能的结构。

（四）保险

由于在会展活动中危机的存在，除了应做好应对危机的预案，尽量避免损失之外，规避

风险的有效措施就是购买保险。在我国，一些参展商会单独为自己的财产投保，然而针对会展的专业险种却十分缺乏。在国外会展保险发达的国家，会展业通过一个有代表性的、高度自律的行业协会来促成保险工作，它具有唯一性、全国性和权威性，它鼓励行业内部自办保险，如设立自保基金或组建互保机构等。而且，西方国家展览业保险十分注重专业细分和对象细分，对许多微观产品提供创新的、有特色的服务。它们的险种有：综合责任一般险的年度保险、重要人物险、经营中断险、伤残险、展品和摊位的意外损害与丢失险、参展人员的意外伤害险等等，这种细分强化了保险的功能，为会展主办方、参展单位和观众最大限度地减少损失提供了可能。

关于保险，最受关注的应该是责任范围。一般责任险其赔偿责任范围包括第三方及观展者的人身伤害和财产损失。其他情况在一般责任保险单中也可以得到保障。保险费数额通常基于对风险的测评确定，如展台的数量、估计的观展者数量、会展的类型（展示品等）。在会展行业做生意，保险支出是正常支出。关键是知道自己需要什么。

在我国，中保开发的财险险种是最多的，涉及面很广。但从名称或条款上讲，还没有一种专门的展览类综合保险。不过，中保越来越重视针对特定行业保险的开发。目前，许多险种适用于会展行业。比如，展览会开始前的展品运输、展台搭建等，都有相应的保险。在展览会进行过程中，由于主办方的疏忽或过失等造成的损失，有公众责任险；主承办方的雇员发生意外伤亡，可考虑投保雇主责任险。在中保的公众责任险项下，有一项扩展的条款——偶发事件险。这是针对被保险人的经营风险所设的险种。

以上是主办单位对于会展安全管理的内容，而对于参展单位来说，在展览中应该注意的一些事项有：是否有完整的突发事件处理方案？是否有救生系统和火警系统？紧急出口是否明显标示、畅通无阻并能正常使用？展览会期间，该设施是否提供医疗服务？如果没有，最近的正规诊所或医院在哪里？该设施是否有公众广播系统以便紧急事件发生时可以及时通知？该设施是否经受过自然灾害（如飓风、台风、地震等）？如果有，是怎么处理这些情况的？该设施和参展商下榻酒店内部或附近是否有治安问题？在展览会期间如何管理和控制观众、展位工作人员、基建人员的出入？这些措施是否奏效？该设施的外部和停车场的照明是否足够？该设施有什么样的保安人员？每班岗配备几名？职员接受过什么培训（急救、防火防盗等）？该设施如何保证你的设备在展前展中展后的安全？

本章小结

会展业在发展过程中面临的诸如财务问题、人才问题、突发情况等，这些问题就是会展危机。如果我们能够寻找危机根源、本质以及表现形式，并分析它们造成的冲击，我们就能通过降低风险和缓冲管理来更好地进行危机管理。会展企业在危机管理体系的基础上，运行危机管理的基本流程，需要注意必须根据会展企业的实际情况出发，本着务求实效的原则，来积极开展危机管理工作。会展安全管理的内涵是为保障客人、员工两个方面的生命、财产安全而进行的一系列计划、组织、指挥、协调、控制等管理活动。会展安全管理涉及的内容非常广泛,它涉及防火安全、用电安全、搭建安全等等。其目标是消除危机产生的潜在因素,或者降低不可避免的危机产生的负面影响。安全管理要立足于会展进行的全过程,会展项目策划的每一个环节都是管理的重点。

关键概念

会展危机　会展危机管理流程　会展安全　会展安全管理

复习思考题

1. 会展危机的种类有哪些?
2. 会展危机管理的基本原则有哪几个方面?
3. 会展危机管理的流程是什么?
4. 会展安全管理的内涵是什么?

专题三 →

会展信息化

学习目标

- 理解信息化对会展业的影响。
- 了解互联网技术在会展业的应用。
- 了解会展信息化未来发展趋势。

案例引导 易览网——中国机电产品网上展览馆

"易览网——中国机电产品网上展览馆"是由中国机械工业联合会主管、机械工业信息研究院主办的面向机电行业、为机械工业企业提供产品信息服务的数字信息平台。宗旨是为机械工业企业提供免费的产品信息展示平台,举办永不落幕的产品博览会,帮助企业压缩产品推广、参加行业展会的费用,为广大工业企业用户了解、咨询、采购机电产品提供全面的数据支持,使用户能够一站式采购到工程项目的全部配套产品。

在信息网络化方面的发展方向是:围绕装备制造业,提供全方位服务的工具性网络经营平台,使其成为行业的新闻中心、会议中心、展览中心、交流中心、成果中心、产品中心、推广中心、文献中心、知识中心。让装备制造业方方面面的人士到这个虚拟社区来看信息、说看法、做事情。

"易览网——中国机电产品网上展览馆"是机工传媒(机械工业信息研究院)旗下机电产品展示平台。依托机械工业信息研究院,利用其信息采集和数据处理的强大优势,秉承多年机械行业图书出版和信息研究领域的优势,着力打造一个全方位为机电产品生产企业和用户服务的免费信息服务平台,为广大装备制造企业用户了解产品、选购产品提供全面的展览展示和数据支持,为企业产品宣传、品牌推广提供综合性服务。该平台将整合现有中国机械工业年鉴系列和中国机电产品报价手册系列图书资源,为广大机电行业用户开发出多种信息服务产品,提供线上、线下的全方位服务,满足机电用户产、销、购和使用中的多种需求。

案例分析:为什么会展行业与信息技术的结合有着天然的适应性?

随着现代信息技术及其他相关技术的迅速发展,一个越来越庞大的互联网应用群体正快速形成,电子商务已成为必然潮流。中国会展市场竞争激烈,会展城市、会展企业、会展项目和会展人才之间的竞争日趋"白热化"。会展活动由成千上万个环节组成,而每个环节又涉及大量的信息交换,可以说,信息技术是现代会展管理竞争取胜的核心力量。

第一节　信息化对会展业的影响

新世纪的经济是一种以高科技产业为支撑,以知识经济、信息网络经济为主要内容的经济形式,其核心内容是网络经济。网络技术的发展使企业进行市场营销和对外交流,联系的方式、途径均发生了巨大变化,给世界会展业带来了新的机遇和挑战。信息化对会展业的影响如何,是我们研究会展业不容回避的问题。具体来讲,信息化对会展业的影响表现在以下几个方面。

一、提高会展活动的工作效率

信息技术具有方便、高效的特性,任组织、参加会展的各个环节上,如信息收集、传递处理的电子化和自动化都使会展业务处理效率空前提高。一些展出项目的上网发布,使得组展者与参展商的联系更为直接,从而避免了一些中间环节及由这些环节产生的错误和时间耗费。

二、降低会展活动的业务费用

一方面,组展者(或组会者)、参展商(或与会人员)、观众三者之间的联络手段从传统的高收费的电话、传真、信件中解放出来,使得业务费用降低;另一方面,电子商务使得展览项目宣传更为广泛,组展者、参展商和观众可获得比以往更为丰富、深入的信息资料,从而避免了选择项目时的盲目性及由此带来的经济损失。

三、有利于会展管理水平的提高

电子商务、网络中信息资源的可存储、可再用特性是使会展会务处理程式化和业务流程标准化的技术基础。电子商务、网络等信息技术使信息反馈、收集、处理统计等自动化程度提高,促使会展事务处理走向程式化,会展的组织、参加过程逐渐标准化;每个组展(组会)、参展(参会)主体都在借助电子商务、网络的手段积累信息,总结形成一些程式化的业务处理流程,对流程中的各个环节提出一些服务标准,并在业务实践中不断增补流程环节、修订业

务内容的标准,从而促使会展的组织管理走向最优化。

四、便于会展服务规范化、科学化发展

信息资料的有效积累及电子技术本身的标准化最终将促成运作流程的标准化,因而信息技术将促使展览活动操作走向规范化,这是信息技术发展的客观要求。运用现代信息技术后,会展业的协调管理机构可掌握大量信息和数据,在多个组展(组会)单位及其项目中甄别优劣的基础上开展工作,这对于促进会展业服务的规范化、科学化发展极为有利。

五、促进会展业的国际化、全球化发展

以互联网络为代表的电子商务信息技术使得展会信息从定向发布走向非定向发布,展会项目、组织机构的对外宣传面向整个世界,在世界各地的各个角落,只要你具备上网条件,就可以很方便地取得较为充分的展会信息,使展会的宣传摆脱空间上的束缚。而网络虚拟展会实实在在地扩大了参展商和观众的范围。有了网络,国际范围内的会展业竞争将成为活生生的现实。

六、有利于传统会展业的完善和发展

信息技术为传统会展业的完善和发展提供了技术上的保障,起了极大的促进作用。电子邮件、企业网页、电子支付手段和服务、网络身份的安全认证技术、信息和数据的网上传播和自功化处理、网上商品交易系统、电子布展技术等都已随着电子商务设备特别是网络的扩展延伸而参与到会展业中。电子商务在展会活动的各个环节中得以实现。在展会项目宣传、展出项目的选择及参展商、与会人员与组展者之间的多种契约和业务往来,发运人与承运人之间的联系和约定,参展商与海关之间的联络中,互联网络承担了大量数据和信息的传播功能。

第二节　互联网技术在会展业的应用

一、互联网技术在会展中的应用

随着科技进步,互联网的飞速发展,信息技术也日趋完善,并在很多领域取得显著成效。很多企业应用信息管理系统对本公司的日常事务进行处理,在会展企业中应用信息技术也是大势所趋。

（一）互联网技术在会展业中的作用

除了网上会展以外,实物会展大量应用网络技术寻求发展空间。展览会上大量应用网络信息技术,将进一步完善展览会的媒介功能,这种数字化、信息化建设最终将促使服务内涵的拓展,当然对于展览管理等硬件设施的信息化建设也显得越发必要,为展览商和观众提供更多的方便。目前,大部分参展企业和组展商通过网络进行沟通,电子邮件、企业网页、电子支付手段和服务、网络身份的安全认证技术、信息和数据的网上传播和自动化处理、网上

商品交易系统等电子技术都已随着网络应用而参与到展览业中,提高了工作效率,降低了成本。

网络技术应用于展览活动的各个环节。在展览项目宣传、展出项目的选择、参展商与组展者之间的多种契约和业务往来、发运人与承运人之间的联系和约定、参展商与海关的联络中,互联网络承担了大量数据和信息的传播功能;在展出过程中运用智能卡收集观众和客户资料,对来访客户和观众进行统计和分析。可以说,展览活动中凡是涉及展出、展品和展出活动参与人的信息和数据的收集传递、处理的环节都是网络技术的用武之地。

建立和管理网站目前显然不是传统展览会组织者的强项,但展览会组织者可以与专业网络公司合作创办网站,或直接与网络公司现有网站合作,利用他们成熟的网络技术发展自己的展览会网上业务,这既能彼此共享资源和经验,又能节省时间和资金。

(二)互联网技术在会展实践中的应用

1. 利用互联网技术为展馆服务

展馆内部采用局域网,统一接入互联网,运行统一的 OA 项目管理、流程管理软件;采用客户机/服务器数据库管理方式,进行展商与观众的管理与营销;建立网站开展客户关系管理的销售自动化,实行网上报名、网上订单服务、网上支付等;建立网络展商应答中心,开展网上营销;建立网站为展商提供个性化服务,如展出信息自行维护展览顾问系统等。

(1)展会前。包括网上会展门票远程预订、展会观众胸卡制作。

(2)展会中。包括观众现场登记个人信息显示、智能卡身份识别、现场人像制作、现场观众信息统计传输。

(3)展会后。包括会展观众数据整理、会展观众详细统计分析、展会远程参观访问、展会现场摄像直播、大屏幕网屏等系列产品应用。

(4)电子商务。包括展馆电子商务平台建设、展馆展示、服务介绍、展馆服务预订、展会发布、展会报道、展会统计分析等。

(5)系统集成。包括展馆内部系统集成建设、上网接入、Internet Web 服务器运行、展馆信息数据服务器建立、展会网络建设等。

(6)系统管理。包括展馆内部信息化管理系统、展馆信息资源管理系统、展馆网络商务管理系统、展馆展会服务管理系统。

(7)科技服务。包括网上观众登记、展会现场观众登记统计分析。

(8)信息统计。包括展馆信息资源统计整理、商务活动运作安排、数据仓储建立。

2. 利用互联网技术为展会组织者服务

会展组织者首先利用网络技术实现办公和管理上的信息化,实现企业办公和经营管理的各种信息、数据、指令的发布、传送、查询、控制、保存的计算机网络化;其次运用于会展的运作、营销和功能拓展,展馆信息、展会信息、参展商信息、采购商信息、招展过程和围绕展会各企业相互间的信息沟通都可以通过网络实现。高效、充实、开放的信息平台不仅有助于提高展览公司、展会的知名度,促进营销,还将为参加展会的企业创造新的价值。依托网络信息技术发展起来的展会,由于其招展的便捷、高效、互动、覆盖面广、能够为参加展会的企业创造新的价值,因而有可能迅速做强做大,使会展业进入良性循环的轨道。

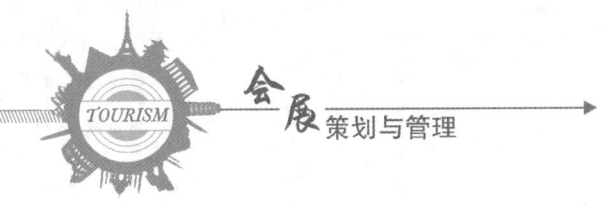

（1）展会前。建设展会的互联网商务平台,发布展会信息,有效利用网络优势进行展会推广展会招商、展位预订、服务合作、服务预订、参展商信息发布、网上观众预订、网上调研等,建立包含多功能的大型数据库等。

（2）展会中。包括展会现场新闻报道信息发布,展会现场图片直播、摄像直播,展会现场观众登记统计分析、观众条码识别、胸卡制作、观众信息识别管理,参展商观众统计信息发布。

（3）展会后。包括数据库展会信息资源整理、展会信息资源数据库提交、展会信息资源详细统计分析、展会成效成本统计分析、网上展会系统管理。参展者特制电子参展证,通常用磁卡或带条形码的材料制作。

（4）电子名片制作。有了电子名片,展览会记录入场人数,同时节省人力物力。

3. 利用网络技术为参展企业服务

（1）展会前。包括展会查询、展会比较、展位预订、服务查询预订。

（2）展会中。包括现场报道、展台摄像、网上展会、网上企业路演。

（3）展会后。包括网上展示、展台布件、展品特效、在线交易。

（4）网上报名。可以让出席者直接在网上填写申请表,在网上浏览会议详情,自动统计出席者人数,自动监控财务交易。运用网上报名数据库的一个最大的优点是能将所有报名断料都汇总在一起,使会展组织者拥有一个不断更新而准确的报告。

（5）住宿安排。展会组织者还应该引导展会参加者在网上预订旅店,可以把免费团体住宿安排应用软件、网上预订工具和报名数据库结合起来使用,把所行住宿安排信息都储存在一个在线数据库中,及时监控住宿安排情况,并可以提前几个月或几个星期根据订房情况的变化及时调整住房安排结构。

（6）旅行。让会展参加者在网上进行旅行安排,网上预订机票,或是与网上报名和网上预订房间系统相结合。

（7）电子名片使用。参展商可以自由选择租用组委会提供的电子名片读取设备,将其连接到自己的电脑,就可以使用电子名片。买家把名片归还给参展商时,只需要把存有自己资料的入场证在读取设备上划过,所有资料就会被传输到参展商的电脑里。参展商还可以把双方谈话的要点记录在相应备注栏里,从而有条理地管理买家资料。

（8）网上会议服务范围。给任何地点的任何人作讲演;在线软件、产品演示说明;可以让会议中任何人观看、编辑发言人的各种电子文档;向所有与会者播放发言人计算机里的多种媒体文件;发言人带领其他与会者共同浏览网页;发言人计算机里的任何应用程序可共享,对方可以进行各种操作;使用桌面控制功能进行远程技术支持;视频功能使会议更加人性化;VOIP 语音功能可以节约大量的电话费用,以上所有功能都是实时、交互的。

（9）网络营销。网络营销必须考虑企业的外部环境和内部情况。外部宏观环境包括网民人数在线交易额、互联网技术状况、互联网法律的完善程度、政府对待互联网的态度等。企业内部情况包括产品、资金、人才等。产品是最重要的考虑因素。对于软件和书籍、影视类可以通过数字形式传播的产品,企业应该努力用信息流替代物流。对于服务类和个性化、贵重产品,不能或者不适合通过物流配送体系提供的,可供助互联网进行营销传播,用传统营销的分销渠道和零售终端最终达成交易。

二、网上会展

网络技术除了在会展中的传统应用如可视化会议、电子邮件、网络营销、网上调研咨询等,还有一个很重要的非传统应用就是网上会展。

进入 21 世纪,人类社会步入了"全球经济的网络时代"。网络日益成为人们生活的第二空间,构成现代社会信息交流的一个重要平台。同时,网络技术也渗透于人类经济社会生活的各个方面,并使企业进行市场营销和对外交流、联系的方式、途径发生了巨大变化,给会展业带来了新的机遇和挑战。会展业必须顺应潮流,借助网络技术提升产业竞争力,实现可持续快速发展。

现代网络技术的快速发展给信息化会展带来了新的契机,网上会展成为现代会展发展的新方向。人们可以借助互联网展示产品、交流信息、洽谈业务、进行交易。目前,世界上会展发达国家和地区都开始利用网络来组织展会,如网上招商、网上会议、网上展览等。网络会展打破了时间和空间的局限,不仅能为交易双方建立起一对一、一对多的直接接触,而且便利的平台使交易双方可以更方便快捷、更全面细致地了解对方,从而使贸易效率得到大大增加。

网络技术的进步为网络会展的发展引领护航,其经济性、便利性和可操作性等优势必将使其发展成为未来会展业的一种全新的运营模式。

(一)网上会展的形式

网上会展即利用网络技术手段,在互联网上举行会议或展览会。它是传统会展利用网络和电子手段的虚拟表现,其中会展的组织、交流和交易活动都通过计算机和网络实现。网上会展包括网上展览、网上会议、视讯会议等。

(1)网上展览是对实物展览的虚拟,展览的组织、展出及展览活动的各个环节都实现了电子化,组展者、参展商和观众之间的交流通过计算机和互联网络进行。网上展览属于电子商务的范畴。

(2)网上会议基于网络实时交互式多媒体通信平台技术的支持,提供语音、视频、数据共享等全面高效的实时通信服务,任何地方的单位和客户只需普通上网浏览器,就可足不出户、安全快捷地通过互联网共享远在千里之外的文件、程序、网页、话音、图像、视频,甚至操作远端的计算机,可以将声音和视频传递给对方,实现实时、交互的在线会议,可以更加节约、高效地与客户、同事或合作伙伴进行交流沟通。网上会议不需要在用户端添加设备,也不需要昂贵的启动费用,用户只需拥有电信服务账号,上网访问网上会议站点,即可获得网上会议服务。网上会议可以在销售、市场、技术、客服等各部门得到广泛的应用,从而增加销售,节约开支,提高工作效率及客户服务的满意度。

(3)视讯会议是以宽带为主,兼容窄带接入的一种交互型视讯多媒体业务,能实现点对点、点对多点的视讯传输,将不同地点的图像信息和语音信息安全可靠地、实时地相互传递。只需购置视讯终端设备放于办公场所,通过通信线路接入,即可获得远程视讯服务。其优点是节省会议时间,提高工作效率;节约差旅费用,使参加者免受舟车之劳;可随时召开紧急会议、跨国跨区会议;多组会议可并行召开,彼此不干扰;多种速率适配:支持多种协议速率的终端同时接入召开一个会议,如 ISDN(384K、512K)、E1、ADSL 等。

（二）网上会展的优点

1. 树立和加强企业的形象

随着新经济时代的到来，商品生产周期理论中产品开发和生产周期大大缩短，企业必须随时随地掌握市场的信息，了解消费者的需求，在最短的时间内将自己的产品推销出去，这样才能在市场竞争中取胜。利用网上会展这种成本很低的营销方式来推销自己的产品，参展商可在网页上刊登展品图片或主题，并尽可能详细地列出产品的种种优点和功能，从而起到树立和加强企业形象的作用。

2. 增加会展的吸引力

网站是联系会展主办者和广大的参展者的桥梁和纽带，会展公司要通过各种方式加强网站的宣传，从而增加网站的吸引力。企业上传的很多商品和图片，可使客户通过视觉和听觉来了解商品的特点，产生购买欲望。另一方面，通过制定网上会展这种高效畅通的渠道，可有效地推动国内外企业的商贸合作关系和大大地增加目标观众，从而极大地带动参展商的参展欲望，增加会展的吸引力。

3. 加强顾客的忠诚度

网上会展的出现，在企业和市场之间架起一座最有效的电子信息桥梁。通过顾客的点击数和网上留言，企业可以为他们提供更适合、更满意的商品，从而实现"一对一"的服务；提供超地域、全天候、开放、互动的贸易环境，可以随时随地地为目标顾客提供服务。由此可促成参展商对会展公司的忠诚，以及普通顾客对参展企业的忠诚。通过网络可使会展公司、参展商、客户有效地整合为一个整体，其中任何两个企业的联系都可以产生不同的效果，使彼此更忠诚，从而更好地提高会展的质量。

4. 可以全面地降低成本

网上会展是利用快捷方便的网络优势和顾客直接交流，不仅省时而且省钱。单单在宣传会展一个方面，就可以省掉信封、纸张、邮资等数以万计的金钱。而且邮寄也很浪费时间。但有很多公司采用电话通知的方法，这虽然解决了时间的问题，但金钱的问题还是未得到解决。例如，展览组织者给用户打一个电话是 53 美元，而电子邮件回答同样的问题仅需 3 美元。对于用户常见的问题，完全有可能将它们列在网上，并且给出相应的解决方法，用户可以根据自己的问题找到办法，大大降低了电话呼叫的成本。

（三）网上会展的缺点

1. 对商品的限制性

并不是所有的商品都可以采用网上展览的方式，一般来说，能在网上展览的商品是非常有限的。顾客可以通过视听就明白商品用途的产品很适合在网上展出，但科技含量高的商品，例如某一项科研成果或刚刚研制成功的一台机器，顾客只有通过现场专家的耐心讲解和实际演示才能掌握它的用途和功能，故采取网上会展的商品是非常有限的。

2. 企业和顾客不能很好地交流

现代展览更强调的是企业和顾客很好地交流，以便企业更好地满足其目标顾客。但是网上会展的出现将传统的"面对面"的交流变成一种通过网络进行的交流。当然，这种交流大大提高了速度，但是其效率就不敢保证了。有些东西只能通过面对面的交流才能取得良好的效果,这也是网上会展永远代替不了现实会展的原因之一,从某种程度上说,它只是能更好地为会展业服务,起到锦上添花的作用。

（四）网上会展必须遵循的原则

1. 人性化的设计

由于网上会展面对的是广大的顾客,他们的计算机水平参差不齐,所以一个好的网站应该是非常人性化的,即,第一,它应该有明确的导航标志,对于计算机水平不是太高的人也可以轻易操作;第二,它可以根据顾客的专业喜好自由组合智能展馆,这样可以节约时间。

2. 大容量的信息

一个比较健全的网站是不会让顾客失望的,当顾客点击任何一个产品,提供给他的信息应包括产品型号、产品功能、使用说明、保修期限等内容。通过产品应可以链接到它相应的公司,从而可以获得公司相关产品的信息,以及公司电话、邮箱地址、联系人等资料,这样可大大方便顾客的查找,同时让顾客更加了解这个企业。

3. 更方便和快捷

在任何一个搜索引擎上输入该网站,都可以使顾客轻松地找到该网站。另外,网站应提供一个快速下载的工具,当顾客觉得对某一部分感兴趣时可以下载下来慢慢研读,但要注意网站速度不应该太慢。同时要有专门的建设维护人员,使网站处于更新发展状态和可用状态。

随着计算机技术的发展,网上会展会越来越发挥它的作用,同时也会越来越智能化和人性化,将有力地推动会展业的发展,并在会展业中担当更多的角色,但不可否认的是,由于它自身的缺陷使得它永远不能代替现实的会展,这一点是毫无疑问的。

因此,上述缺陷很难用技术手段加以弥补,这注定了它不可能替代传统展览会在展览业中唱主角。正如同网上销售兴起之后,传统以商场、批发市场为媒介的实物销售仍然存在一样,网上虚拟展览会也不能代替现实实物展览会。展览业高度发达的德国和网络技术高度发达的美国目前的发展情况都充分说明了这一点。

第三节　会展信息化未来的发展趋势

一、VR/AR

（一）虚拟现实（Virtual Reality,简称 VR）

VR 技术方兴未艾,VR＋会展产生虚拟展会模式。

1. 优势

VR 技术具有安全高效以及实时互动的特点,可以打破传统展会的时间和空间限制,让参展观众产生身临其境的沉浸式体验,大幅提升参展观众的观展效果,这些突出的优势,必将会对传统展会形式产生深远的冲击和影响。

2. 劣势

伴随着VR技术突出的优势,目前还存在很大的劣势,如VR设备的硬件价格昂贵,携带使用还很不方便,还有让使用者产生眩晕感等问题,同时还需要外部环境进行配套,这些都是VR技术在展会中广泛应用不能回避的问题。

3. 机遇

虽然距离VR技术在展会中广泛应用还需要一段时间,但是这种模式的前景被普遍看好,国家政策也在大力支持,随着大数据、云计算以及技术进步的不断推动,在可预期的未来,VR技术必将对传统的展会模式产生深远影响。

4. 挑战

VR技术在展会应用的挑战与机遇并存,在广阔的前景背后还面临一些挑战,如行业标准不统一,传统观念影响下实施变革较困难,同时硬件设备的升级需要大量的资金投入,只有合理解决好这些外界因素,VR技术在展会应用的障碍才能彻底扫清。

(二)增强现实(Augmented Reality,简称AR)

AR(Augmented Reality)被称为"增强现实技术",这是一种全新的人机交互技术,是利用计算机生成一种逼真的视、听、力、触和动等感觉的虚拟环境,它通过各种传感设备使用户"沉浸"到该环境中,实现用户和环境直接进行自然交互。使用者不仅能够通过虚拟现实系统感受到在客观物理世界中所经历的"身临其境"的逼真性,突破空间、时间以及其他客观限制,感受到在真实世界中无法亲身经历的体验。

AR的优越性体现在实现虚拟事物和真实环境的结合,让真实世界和虚拟物体共存。AR实现虚拟世界和真实世界的实时同步,满足用户在现实世界中真实地感受虚拟空间中模拟的事物,增强使用的趣味性和交互性。

如早前在北京朝阳公园内举办的"索尼探梦"科技馆,利用AR技术为人们提供了逼真的感官虚拟环境,人们可以从中实现与展示环境自然交互,突破虚拟与现实之间的界限,实现探索海洋世界或宇宙空间等体验。

在日本东京,Sunshine水族馆运用AR技术设计了一款可爱的软件,使得人们可以通过和可爱的小企鹅进行实时互动来获取最便捷的行进路线。

二、人工智能

人脸识别、语音识别是基于人工智能(Artificial Intelligent,简称AI)技术开发的手机应用。在展会上我们已经能体验到"人脸识别"登记系统的。如果能进一步升级现场服务的各环节,包括到会注册、安检门禁、停车管理、会场导引、餐饮、Wi-Fi、资料影印等商务服务,利用人工智能技术搭建一个开放协作的智能网联展馆,将大大提升与会者的参会体验。

如果会展产业链条上的主办方、场馆方、服务方利用人工智能技术将与会展项目相关的交通、住宿、旅游等各项需求紧密关联起来,以会展项目平台为核心,智能接入周边附加服务作为可选项。当然前提是,主办方、场馆方、服务方愿意共享各自的资源,这不只是一个数据概念,其中更涉及利益如何公平分配。虽然前提的实现困难重重,但是未来却是明确可期的。因此,卡口一旦被突破,将直接打破传统会展项目的几大业务壁垒,解决营销增收难、办展模式单一、线上线下数据无系统融合等瓶颈问题。

三、大数据

会展是一项周期延续性活动,其数据会随着展会的不断举办如海绵般扩充;会展又是人员密集型产业,展商和观众的行为可以通过技术手段转化为数据记录下来;会展还是连接旅游、购物、住宿等产业的"杠杆行业",可关联的数据非常庞大。展会观众的到访时间、观展轨迹、通信记录等会形成数据,这些都是符合 5V(Volume、Velocity、Variety、Value、Veracity)特点的典型的大数据。会展业自诞生之日起就蕴含着大数据的基因。

随着大数据的发展,会展业存在的一些问题也可以得到有效的缓解。一方面体现在提高展商或会议组织者的 ROI。观众的人口统计信息、现场动线信息、在线行为以及线下观展偏好的采集,有助于通过大数据"捕捉"和归纳与会者的参会偏好;有助于实现展商和观众的精确配对,并通过对大数据的分析预判消费趋势,激发消费需求。在这方面,国内会展业依然"任重道远";另一方面体现在提升客户的满意度。通过线上注册对观众数据库的积累并搭配智能识别签到系统,将会有效地优化现场注册签到的流程,避免排长队及拥堵混乱情况。例如,某宠物展上,高温现场又大排长队,更有宠物中暑或死亡,场面一度混乱。除了人流管控和应急预案,签到入场的流程更值得改进。

此外,大数据收集技术越来越具有互动性,在这个过程中新技术可以加强现场体验感,提升客户满意度。大数据的价值最终都将体现在客户所得到的服务中,这也是会展业最值得关注和提升的内容。

183

四、云计算

(一)背景

在过去十年间,互联网颠覆了很多传统产业,十年发展历程中,会展行业的发展矛盾也在加深。一方面,展会主办方最关心的问题是如何扩大展会规模、提高观展体验、创新观展看点、建立活跃圈子、吸引专业观众、拓展营销渠道,最终提升商业撮合效率;另一方面,参展企业有自己的难处,担心展位没人来,印刷资料被参会观众乱扔,展会结束后很难收到反馈;而从参会观众角度来看,印刷资料虽然精美,但普遍厚重,几个展台下来往往要扔掉一些资料才能继续前行;会展大厅一般都被主办方分类分区,参展企业较多时,客户很难找到自己感兴趣的企业具体位置,观展活动效率偏低;参会企业和观众较多时,预约参展也变得十分困难;展馆的网络环境普遍较差,参会观众上网难;人来人往的展馆中,企业与观众的深度交流较少,沟通不够充分。

基于上述问题,人们不难发现,传统会展行业在保持高速发展的同时面临着诸多发展瓶颈。当传统模式无法解决矛盾时,移动互联网和新一代信息技术就有了应用舞台。O2O(Online to Office)模式给会展业带来了突破瓶颈的机会,云计算为实现变革提供了技术支撑。未来,基于"云端"的会展服务业将出现翻天覆地的变化。

(二)展会变化

首先,观众的习惯将发生改变:观众将更习惯通过现有的智能手机、平板电脑等数字移

动终端获取会展信息。完成参展报名、签到手续，收集相关的展台、企业、展品信息，而不再依靠传统的人工流程与纸质资料。

其次，参展企业的展台将发生变化：随着会展观众习惯改变，参展企业会通过客户更为习惯的数字化平台展现相关信息。

移动互联网和云计算模式将推动会展业实现进一步产业转型升级。在移动互联网和现实会展活动之间搭建一个无缝切换的云平台，可以为会展主办商、参展企业及贸易观众提供移动便捷的会展服务工具，使得各方获取商机的效率大大提升。同时，移动营销与O2O商务的整合服务也将迎来快速发展，基于云计算的会展将提供三大整合服务。

第一，信息整合，包括供需信息、产品信息、企业信息、行业信息等。

第二，服务整合，包括参观者、参展商和主办方的多方精准互动（推送、收藏、预约、关注、致电等等）。

第三，人脉整合，将帮助参展商和观众高效匹配，并长期锁定。

（三）应用

1. 展前宣传

（1）二维码宣传。

（2）移动会展应用。

（3）移动展台。

2. 展会运营

（1）将展商和展品"转移"到采购商和观众的移动终端中。

（2）可以为参展商和展品定制二维码。

（3）可以策划社会网络媒体环境下的创意互动形式与现场活动：与世博展会的盖章活动相似，移动会展应用可以整合已有的社会网络媒体资源，提供类似"二维码盖章""会展签到""微信点评"这类创意互动形式和现场活动。

 本章小结

网络技术的发展使企业进行市场营销和对外交流，联系的方式、途径均发生了巨大变化，给世界会展业带来了新的机遇和挑战。信息化提高了会展活动的工作效率，降低了会展活动的业务费用，有利于会展管理水平的提高，便于会展服务规范化、科学化发展，促进了会展业的国际化、全球化发展，有利于传统会展业的完善和发展。随着科技进步，互联网的飞速发展，信息技术也日趋完善，并在很多领域取得显著成效。很多企业应用信息管理系统对本公司的日常事务进行处理，在会展企业中应用信息技术也是大势所趋。VR/AR、人工智能、大数据和云计算是会展信息化未来的发展趋势。

关键概念

会展信息化　网上会展

复习思考题

1. 信息化对会展的影响表现在哪些方面？
2. 互联网技术在会展实践中是如何应用的？
3. 会展信息化未来的发展趋势是怎样的？

Bibliography

参考文献

[1] 邓舒.国内会展业的知识产权保护探析[J].经济研究导刊,2014(5).

[2] 刘松萍,李晓莉.会展营销与策划(第二版)[M].北京:北京交通大学出版社,2011.

[3] 马骐.会展策划与管理[M].北京:清华大学出版社/北京交通大学出版社,2011.

[4] 唐剑峰.会展标识知识产权保护问题探析[J].安徽农业科学,2013(2).

[5] 王东强,田书芹.会展品牌知识产权保护的反思[J].中国市场,2007(11).

[6] 魏仁兴.会展营销[M].重庆:重庆大学出版社,2012.

[7] 张向飞.电视媒体品牌战略解读——以湖南卫视为例[J].中国市场,2010(10).

[8] 郑秀娟.基于CIS理论的杭州市会展品牌战略研究[J].现代商业,2016(11).

[9] Taylor Peplau Sears.社会心理学(第十版)[M].北京:北京大学出版社,2004.

[10] 包小忠.会展营销.[M].广州:中山大学出版社,2012.

[11] 陈鲁梅.会展策划与管理.[M].北京:化学工业出版社.2009.

[12] 邓舒.国内会展业的知识产权保护探析[J].经济研究导刊,2015.

[13] 郭涛,隋金莹,侯家麟,等.参展观众视角下VR技术在展会中应用研究[J].教育现代化,2017(4).

[14] 郝敏.初恋大数据——会展业添翼大数据的与坦途[J].中国会展,2017(15).

[15] 胡安安,胡璇,戴伟辉.现代会展服务业"云战略"展望[J].上海信息化,2014(1).

[16] 胡平.会展运营管理[M].北京:旅游教育出版社,2007.

[17] 黄蕴思.移动互联网技术在会展设计中的应用[J].苏州工艺美术职业技术学院学报,2014(2).

[18] 霍红,华蕊.采购与供应链管理[M].北京:中国物资出版社,2005.

[19] 雷鹏,杨顺勇,王晶.会展案例与分析[M].北京:化学工业出版社.2009.

[20] 李冰洁."故宫VR"展示三维数字图像[J].中国防伪报道,2011(12).

[21] 柳婷."黑科技"赋能会展未来可期[J].中国会展,2018(5).

[22] 马勇.会展学原理[M].重庆:重庆大学出版社,2015.

[23] 马勇.中国会展经济发展解读[J].经济地理,2002(3).

[24] 毛小劼.跨国物流公司对区域物流服务供应商的选择[D].上海:上海交通大学,2006.

[25] 牛根义.基于信息不对称的信息系统外包风险管理[J].科技管理研究,2010(17).

[26] 王春雷,陈震.展览项目管理:从调研到评估[M].北京:中国旅游出版社,2012.

[27] 魏长增,傅兴.多媒体交互技术在展示设计中的运用[J].包装工程,2010(18).

[28] 武邦涛,柯树人.会展项目管理[M].北京:北京大学出版社,2010.

[29] 许传宏,马勇.会展项目策划与组织.[M].重庆:重庆大学出版社,2007.

[30] 王春雷.中国会展业发展:前沿问题与创新策略[M].北京:中国旅游出版社,2015.

[31] 程爱学,徐文峰.会展全程策划宝典[M].北京:北京大学出版社,2008.

[32] 刘嘉龙.会展活动策划整合理论研究[J].中国城市经济,2011(29).

[33] Ruth Dowson, David Bassett. Event Planning and Management:A practical handbook for PR and events professionals[M]. London:Kogan Page Limited,2015.

[34] 周彦,于苗,何会文.会展企业的服务创新能力及其集聚特征[J].中国流通经济,2018(2).

[35] 孟凡胜,冯卓然,张迪.基于让渡价值理论的会展产品价值体系构建研究[J].商业研究,2017(12).

[36] 蔡金阳,韩勇,胡瑞法,等.企业会展参与及展位面积选择的影响因素[J].北京理工大学学报(社会科学版),2017(2).

[37] 王晓敏,戴光全.权利、责任及利益视角下展览企业部门协作分析——以深圳会展中心为例[J].旅游学刊,2016(9).

[38] 张晓明,陈婕.基于产业生态化的中德会展业对比分析[J].浙江学刊,2016(5).

[39] 申强,杨为民,刘笑冰.会展供应链结构优化模型构建与系统优化[J].经济与管理研究,2014(10).

[40] 黄晓斌,何碧妍.基于虚拟会展的企业竞争情报分析[J].情报理论与实践,2015(5).

[41] 杨京波.会展场馆选择标准研究述评——基于会议策划者视角[J].旅游学刊,2013(12).

[42] 成都市博览局课题组.成都市会展产业品牌战略研究[J].中华文化论坛,2013(12).

[43] 焦微玲.基于网络会展的信息技术应用研究[J].科技管理研究,2013(19).

[44] 曹扬,杨顺勇.会展平台影响技术扩散速度的调查及分析[J].科技进步与对策,2012(6).

[45] 陈宜平.发展我国绿色会展业的若干问题及对策[J].国际商务研究,2011(2).

[46] 蔡依平,彭争光,张梦芳.大型综合性会展物流供应商选择研究[J].上海管理科学,2011(6).

教学支持说明

　　高等院校旅游管理类应用型人才培养"十三五"规划教材系华中科技大学出版社"十三五"规划重点教材。

　　为了改善教学效果,提高教材的使用效率,满足高校授课教师的教学需求,本套教材备有与纸质教材配套的教学课件(PPT 电子教案)和拓展资源(案例库、习题库等)。

　　为保证本教学课件及相关教学资料仅为教材使用者所得,我们将向使用本套教材的高校授课教师免费赠送教学课件或者相关教学资料,烦请授课教师通过电话、邮件或加入旅游专家俱乐部 QQ 群等方式与我们联系,获取"电子资源申请表"文档并认真准确填写后发给我们,我们的联系方式如下:

地址:湖北省武汉市东湖新技术开发区华工科技园华工园六路

邮编:430223

电话:027-81321911

传真:027-81321917

E-mail:lyzjjlb@163.com

旅游专家俱乐部 QQ 群号:306110199

旅游专家俱乐部 QQ 群二维码:

群名称:旅游专家俱乐部
群　号:306110199

华中科技大学出版社
http://www.hustp.com

电子资源申请表

填表时间：_____年____月____日

以下内容请教师按实际情况填写，★为必填项。

★姓名		★性别	□男 □女	出生年月		★职务	
						★职称	□教授 □副教授 □讲师 □助教
★学校				★院/系			
★教研室				★专业			
★办公电话			家庭电话			★移动电话	
★E-mail （请填写清晰）						★QQ号/微信号	
★联系地址						★邮编	

★现在主授课程情况	学生人数	教材所属出版社	教材满意度
课程一			□满意 □一般 □不满意
课程二			□满意 □一般 □不满意
课程三			□满意 □一般 □不满意
其 他			□满意 □一般 □不满意

教 材 出 版 信 息		
方向一		□准备写 □写作中 □已成稿 □已出版待修订 □有讲义
方向二		□准备写 □写作中 □已成稿 □已出版待修订 □有讲义
方向三		□准备写 □写作中 □已成稿 □已出版待修订 □有讲义

　　请教师认真填写表格下列内容，提供索取课件配套教材的相关信息，我社根据每位教师/学生填表信息的完整性、授课情况与索取课件的相关性，以及教材使用的情况赠送教材的配套课件及相关教学资源。

ISBN（书号）	书名	作者	索取课件简要说明	学生人数 （如选作教材）
			□教学 □参考	
			□教学 □参考	

★您对与课件配套的纸质教材的意见和建议，希望提供哪些配套教学资源：